U0923554

黑土家園

何昌贵 题

人民日报出版社

图书在版编目 (CIP) 数据

黑土家园 : 李启凡诗作集锦 / 李启凡著 . -- 北京 : 人民日报出版社 , 2011.8
ISBN 978-7-5115-0589-7
Ⅰ . ①黑… Ⅱ . ①李… Ⅲ . ①诗集 – 中国 – 当代 Ⅳ . ① I227

中国版本图书馆 CIP 数据核字 (2011) 第 161639 号

书　　名：黑土家园 : 李启凡诗作集锦
作　　者：李启凡

出 版 人：董伟
责任编辑：宋娜 赵墨
封面设计：于朝

出版发行：人民日报出版社
社　　址：北京金台西路 2 号
邮政编码：100733
发行热线：(010) 65369527 65369509 65369510
邮购热线：(010) 65369530
编辑热线：(010) 65369521
网　　址：www.peopledailypress.com
经　　销：新华书店
印　　刷：廊坊华昌印务有限公司

开　　本：889 × 1194 毫米 1/32
字　　数：40 千字
印　　张：6.8
印　　数：10000 册
印　　次：2011 年10月第 1 版　　2011 年10月第 1 次印刷

书　　号：ISBN 978-7-5115-0589-7
定　　价：57.00 元

序

启凡交给我一个任务，为他创作的诗集作序。这无疑为我出了个难题，因为写序作赋素来不是我的所长，为诗集写点什么更不是我的强项。但启凡诚意所托，只能勉强为之，也算对多年友情的一种回馈。

我在牡丹江工作期间，和启凡曾有过近距离的接触，也曾见识过他的些许文字，但对他写诗作词还未曾领略。不过，从他那种喜怒哀乐溢于言表的性情上来推断，当然有一点诗人的气质了。启凡很真，敢爱敢恨，活得也很自我。他冲动时有一说一，观点鲜明，品行忠耿，不加掩饰；平日里又机智百出，幽默谐趣，与人为友，心无芥蒂。启凡求善，虽时而论及时事言辞刻薄，但从无害人之心。在检察机关这样一个特殊的部门工作，当办结了一些案件，特别是办结了职务犯罪案件时，他没有业内人的欣喜，更多的是忧虑。这其中，他既有对法律实施艰难的思虑，世风不纯的慨叹，也有对曾经功臣、现在罪人的扼腕，还有对一个好端端家庭遇此波折的悲戚。启凡唯美，常叹自然之美，更追求人性之美。这既有他自幼受师长教诲、诗词陶冶所形成的追求完美的个性特征，又有生活空间里的白山黑水、绿野莽原赋予的厚重的文化意境，更有心中放不下追求童话般梦想的坚定执着。

诗抒情，诗言志，诗表现了人的自我。追求真善美，歌颂真善美，这些都在他的诗词中淋漓尽致地表现出来。诗词格调是否高雅，词句是否华丽，读者一看自有评论。但有一点是肯定的，那诗都是真情的流露，即便有瑕，也是瑕不掩瑜。

以上数言，权做为序，与大家共勉。

黑龙江省人大副主任：申立国

2011年6月26日

目录

黑土家園

——李启凡诗作集锦

第一卷

春 天春天是一部书，花朵就是书签。数着花朵，读着春天，心情欣然。红花耀眼，橙花斑斓，蓝花冷艳，还有那繁茂的绿草，散发着春天的诗笺。[illegible]晓红掌处

浅绿，雏燕衔新泥。泡泽游蝌蚪，硬枝垂软臂。干地淋湿雨，旷野柳哨急。踏青人行早，传递春消息。咏杏花柳絮吐丝风软刮，乍暖还寒盼杏花。昨夜雨催三五朵，

今日满城绽奇葩。杏花春约白清粉淡红模糊，杏花初放含朝露。春急盎然闹枝头，偷窥香园第一族。乍暖还寒万物复苏枝叶软，飞雪又飘倒春寒。阳光照耀冷气退，

更喜绿树披白衫。开江冬已交班春乍来，发动寂江走冰排。先是相拥慢挪步，恍然觉悟急奔海。野趣

天阔鸟拍羽，林茂云可依。小屋藏大雅，深草存野趣。邀朋三四人，把酒抒胸臆，声高风来和，闲聊无主题。夏捕鱼山溪流野趣，闹半水更急。随急撒潜网，无鱼心也愉。

大雨初晴狂风卷柳浪，疾雨拍大江。挣开云雾幔，水珠孵斜阳。四丰吟碧水[illegible]滢蓝天，白云游弋展诗笺。松高柳低错落致，四季多情亦悠然。林下吟绿叶交叠织筛网，

网进阳光拌阴凉。北国盛夏解人意，闲吊藤床浪漫藏。秋日远天转凉，秋光镀水亮。浩荡松江波，漫泡五花香。

春

（一）春天

春天是一部书，
花朵就是书签。
数着花朵，
读着春天，
心情欣然。
红花耀眼，
橙花斑斓，
蓝花冷艳，
还有那繁茂的绿草，
散发着春天的诗笺。

（二）春晓

红掌趟浅绿，
雏燕衔新泥。
泡泽游蝌蚪，
硬枝垂软臂。
干地淋湿雨，
旷野柳哨急。
踏青人行早，
传递春消息。

（三）咏杏花

柳絮吐丝风软刮，乍暖还寒盼杏花。
昨夜雨摧三五朵，今日满城绽奇葩。

（四）杏花春约

白清粉淡红模糊，杏花初放含朝露。
春意盎然闹枝头，偷窥香圃第一族。

（五）乍暖还寒

万物复苏枝叶软，飞雪又飘倒春寒。
阳光照耀冷气退，更喜绿树披白衫。

（六）开江

冬已交班春乍来，发动寂江走冰排。
先是相拥慢挪步，恍然觉悟急奔海。

野趣

天阔鸟拍羽，林茂云可依。
小屋藏大雅，深草存野憩。

邀朋三四人，把酒抒胸臆。
声高风来和，闲聊无主题。

夏

（一）捕鱼

山溪流野趣，闻半水更急。
随意撒潜网，无鱼心也愉。

（二）大雨初晴

狂风卷柳浪，疾雨拍大江。
挣开云雾幔，水珠孵斜阳。

（三）四丰吟

碧水青山湛蓝天，白云游弋展诗笺。
松高柳低错落致，四丰多情亦悠然。

（四）林下吟

绿叶交叠织筛网，网进阳光拌阴凉。
北国盛夏解人意，闲吊藤床浪漫藏。

船歌

灌木饮露草抑风，扁舟熨浪江水平。
撒网捕捞丰收景，船哥双桨追鱼行。

秋

（一）

日远天转凉，秋光镀水亮。
浩荡松江波，浸泡五花香。

（二）

四季观光各有鲜，最爱三江五花山。
森林析光滤七彩，枝叶纷呈秋名片。

（三）

巧遇枫叶做请柬，邀来九月五花山。
秋光帮衬多情火，冶炼风华大自然。

（四）

秋雾浓厚高支纱，缠绕山腰中天挂。
奇石美景半掩饰，日出遍野燃五花。

（五）

风动云疏淡，秋深江如练。
研绿泼山水，无墨画天然。

（六）秋野

秋深荒水旺，遍野风韵藏。
一夜浅霜淋，满目赤橙黄。

（七）游山

五花怒燃山空旷，秋虫呢喃林静幽。
携友登临凭栏处，东极响彻信天游。

（八）仲秋

散布夜雨润地湿，拖延朝阳出工迟。
趟露采菊待佳丽，仲秋皓月引情诗。

（九）黄叶戏水

非是秋天喜张扬，长风遍撒金钱忙，
实在兴奋藏不住，融入水中排诗行。

（十）访秋小憩

秋风点金淡翠薇，带露攀岩寻芳菲。
花草引导迷归径，倚山濒河事野炊。

（十一）秋熟

稻麦豆黍大比拼，纵横交错显精神。
休夸田畴无边绿，秋风一吹满地金。

亮子河桥头

林深山更幽，秋水凉初透。
悬桥隔湿燥，亮子河西流。

非是时空改，承诺在前头。
驮渡慈航船，皈依婆罗州。

初秋游寺

天高云离远，露重月渐残。
酷热初释放，煮熟五花山。

清风着金色，净水伴幽兰。
深谷藏隐寺，未拜心已禅。

红叶

秋风刚刚过滤，秋雨已经洗涤。
四丰山的塘岭沟壑，连体成红叶堆积。

曾是枝干的羽翼，曾是骄阳的梦呓。
即便从高处摇落，依旧展示出亮丽。

拾起一片片红叶，举起一枚枚火炬。
做成秋天的书笺，透露爱情的信息……

秋景

不用涂彩，
不用染墨，
不用着意绣轮廓。
一袭金风，
一把银镰，
甩掉汗滴裁秋色。
天如此高，
地这般阔，
挤满天地的是粮垛。
天然画卷哟，
圈住了村落，
农民的梦哟，
笑醒了江河。
瞅着丰收的年景，
心中只有一个字——
乐！

访深山人家

林海颠簸山路重，
夜幕渐垂伏浅星。
忽然灯光若荧火，
木屋透出浪琴声。

农家新乐

深秋像本大额存折，
攒下了农民一年的喜乐。
冬雪的渴望，
春阳的冲动，
夏雨的执着，
在这一刻重新聚合。
把丰收赶进粮仓，
把欢笑挤进农舍，
家家重复渐酣的酒嗑。

早还了旧账，
又建了新舍，
保单也投了三个，
往后日子往哪琢磨？
男人要旅游，
女人要唱歌，
还是孩子来得出格：
别急，别火，
我去探询网络……

品秋

何为色彩斑斓？
何为层林尽染？
问一问秋孕的大湿地，
看一看矗立的五花山。
背景碧绿天幕淡蓝，
如火的枫叶灼人双眼，
拾捡落红夹进书页，
珍藏大三江色彩的名片。

松谱

天在哪里？
天已被你擎住。
地处何方？
地在脚下匍匐。
兴安红松啊，林中伟夫，
挺直腰身把江山卫护。
雨雪风霜为你美容，
日精月华为你润肤。
每根松针透射昂扬张力，
敬礼！为这森林的壮族。

咏秋

秋风劲，
秋水亮，
秋色好清爽。
五花山是秋的名片，
把秋炒得沸沸扬扬。
初秋瓜果飘香，
中秋皓月明朗，
深秋诗人豪放。
还是潜伏在连天的沃野吧，
那里才是秋的家乡。
绿色的还在生长，
红色的憋着热望，
更养眼的还是遍地鹅黄。
秋天不愿意简约，
恣意借风张扬，
布撒了稻波麦海，
放飞成熟的醇香。
不见银镰飞舞，
只有联合收翻浪。
我醉了，
你也醉了，
饮不尽这迷人的秋光。

冬

（一）冬至

雪白天更蓝，
霜林柱其间。
浅云绕山游，
朔风拨春弦。

（二）雪中卧松

青松傲雪挺且直，
横卧护草也孕诗。
深山贵族千百态，
自然和谐更别致。

（三）冬钓

一样的多雪冬天，
一样的垂钓竹竿，
不同的蓑笠老翁，
蓦然跨越了千年。

放纵悠长的鱼弦，
吟哦柳公的诗篇，
收获了运气喜气，
闲暇打开了门闩……

冬咏

初春的精，
盛夏的卵，
孵出一个多雪的冬天。
白雪是冬天的蓑衣，
冬天为白雪化缘。
把秘密拢进小屋，
续延童话的新篇。
链接曾经的故事，
昨天、今天、明天……

冬趣

凿个天窗续长线，
滚钩拽出一江鲜。
鱼中之王性子急，
加盟拍张合家欢。
踩的是冰，靠的是山，
赫哲人微笑多灿烂。
渔翁多了进酒嗑，
妻儿攒厚零花钱。
黑龙江水育财源，
“三花”“五罗”待收编。
船歌唱出幸福景，
风光无限情无限。

雪白色的风采

北国风光有一种风采，
漫天遍野一片洁白。
严寒催生了雪花飘飘，
银色覆盖了连绵山脉。
皑皑白雪道出真诚情怀，
白雪皑皑凝固了醉人依赖。
白雪感动多愁人热泪滚烫，
雪白引发善感者诗情澎湃。
你好哇冰雪，你好哇雪白，
你塑造北国冬天分外精彩。
你好哇冰雪，你好哇雪白，
你满足这方人长久的期待。
白山黑水经历四季晾晒，
蒸发水分酿造成洁白。
阳光辉映月华抚慰，
打造出春雨另一个流派。
白雪燃烧用那激情的火焰，
雪白作画用那情感的色彩。
白雪原来是别样的浪漫，
雪白原来是质朴的怜爱。
你好哇冰雪，你好哇雪白，
你把一座坚实的彩桥铺开。
你好哇冰雪，你好哇雪白，
牵手迎接春夏秋的多彩。

云

翘首望长天，黑白云相间。
劲风吹疏密，烈阳调浓淡。

晚渔

日暮山隐离，夜风推浪起。
扁舟衔渔火，弄潮烟波里。

三江原野

三江原野恰似俊俏的姑娘，
巧借日月潜伏迷人的芬芳。
春夏秋冬季风链接转合，
每个轮回都有特别的丽靓。

沿流水初润复苏的大地，
踏青者丈量久违的春光。
谁还傻问春深几许绿浓何处？
鞑子香率先在阳光下绽放。

庄稼在夏日里较着劲攀长，
黝黑的土地笼罩柔慢纱帐。
搭建恋人天然的时尚聊吧，
规范聊题为青春爱情理想。

金秋不期而至与幸福碰撞，
溅起的火花鼓舞待嫁的新娘。
堆积的羞涩在五花山放释，
稻海麦浪集结别致的婚妆。

朔风提示热情要囤集冷藏，
白雪挽留那抹红艳的归阳。
竖冰下还在钓新的冬趣，
性急人已经营造接春的产床。

多情三江哟美丽的地方，
走过四季寻找神奇的魔杖。
诱惑你踏入这块山峦碧野，
永远存活在思念的梦乡。

东极风韵

不通东极安知地之辽阔，
未达三江怎辨水之曲折。
彩练似绸系结岭川奇美，
绿草如茵见证秋韵斑驳。

借翅凌空俯瞰书画佳作，
清凉如许亦是天香国色，
江水奔腾正如中锋走笔，
墨痕渲泄拓印人之品格。

牧

蓝天广阔流淌着白云，
原野肥美游荡着羊群。
我躺在草丛中吸吮着清新，
横一支竹笛吹一首流韵。
迷住了白云，拴住了羊群，
冲刷了沉沦，蓝天、草原、人，
相邻得这般亲近。
一袭绿风不期而至，
摇动了云，吹皱了情，
我在放牧，放牧这久违的温馨。

鹭归

落叶捎来了信函，
白鹭已该南迁。
告别秀美的江河湖泊，
心中已是一片怅然。
把飞翔的鹭群作为定点，
换位测量纷飞离散。
谁说舞动的不是湖光山色？
谁谈跳跃的不是肥美草原？
多情的白鹭又有新约，
重逢还是明媚的春天。

钓趣

（一）出发

召齐老友带上鱼竿，
再到小铺赊五盒塔山。
度假就该有度假的样，
锁定目标奔鱼潭。
今儿个尽情垂钓，
一切由我“埋单”。

自行车驮起轻松愉悦，
笑声随着轮圈飞溅。
几十载官场的拼争，
今天全让它搁浅。
甩开鱼竿甩去烦乱，
聚精会神回到当年。

（二）追腥

韩国的装备，半天的潜伏，
鱼塘边缺失热烈的欢呼。
“撮罗子”收归战利品，
三条不足二两五。

听劝选择邻池，一路被追逐。
塘主领队讨鱼款，当即现金给付。
钓友哈哈大笑，垂涎老夫“幸福”。
三条小鱼四人撵，惹出“追腥族”。

（三）午餐

来到农家院，吃顿农家餐。
煎饼卷葱蘸大酱，胜过纯海鲜。
来个大海碗，轮回把酒干。
推杯换盏嫌清冷，张罗划两拳。
当年知青风流样，今天见一斑。

（四）渔归

夕阳无限美，晚霞照我回。
命令手机传捷报，叫妻把盆备。
说累真是累，累掉四十岁。
换来一家天伦乐，入夜能酣睡。

醉

朝阳落日都有难抵的辉煌，
云卷云舒亦是壮美的诗行。
神州东极啊多魅的土地，
一样的深情别样的风光。

亮水如镜围做剔透的酒杯，
桑田碧野幻化沁香的琼浆。
豪饮一次索性醉上三天，
面对苍穹放纵长歌咏唱。

兴凯湖

（一）兴凯湖谐趣

（1）

浩瀚、浩瀚，
兴凯湖水阔大无边。
空灵、空灵，
兴凯风光从容潋滟。
远离了闹市的喧嚣，
躲避开霓虹的慵懒，
相伴一轮淡月，
朗诵长湖诗篇。

（2）

夜深了，只留下伙伴三个，
明月、长湖、我！
湖水笑我痴狂，
贪心地一揽碧波；
明月夸我有情，
召唤湖、月、人会合。
我早就醉了，
枕着湖水望月。
兴凯之滨风情万种，
借风把古诗咏哦……

（3）

疾风像挥舞的长鞭，
抽打着咆哮的狂浪；

湖水像脱缰的烈马，
冲荡着大闸的脚桩。
你依然静静地挺立，
静候又一次的疯狂。
摔成粉沫的波涛，
飞扬出万里稻香。

（二）游小兴凯湖

(1)

浪迹兴凯湖，船后白水逐。
蓝天任云游，诗境亦复苏。

(2)

风递白鱼鲜，惹鸥舞翩跹。
船行意回转，多情睹密山。

（三）兴凯湖砂雕

借来流火的夏阳，
把砂砾的残水烤干，
让它们遂愿积累，
来一次个性的展现。
兴凯湖畔的砂雕，
分明是冰雪的再版。
湖水轻轻吹来什么？
过去未来的咏叹。

镜泊湖

（一）镜泊之梦

枕湖抱月卧镜泊，水天夜月互溶合。
渔铃摇醒痴人梦，红罗女子奉鲜活。

（二）火山口感怀

地火漫长的煮熬，太阳连续的焚烧，
终于做熟了一顿大餐，喷射出烈焰万道。
岩浆收缩成围堰，顽石啄成了蜂巢，
涵养着雨露甘霖，绮丽的世间瑰宝。
水火互溶天地之合，挺拔了树林的身腰。
一望无际的林海呀，是另一个碧湖妖娆。

（三）镜泊雾

又到镜泊湖，又见镜泊雾，
浓浓淡淡，密密疏疏。
梦罩上一层纱，山围上一道幕。
镜泊雾清甜，镜泊雾多露，
镜泊雾让太阳潜伏。
天地凭添了神秘，游人稀疏了脚步。
清风吹松了水的组合，群山叠翠隐隐透出。
迷雾不见了踪影，瀑布还在欢呼。

（四）镜泊月

群山还挽留着夕阳的光晕，
天上早捧出金黄一轮。

复制在湖中分外清澈，
数得出波动的道道细纹。
镜泊月清丽可人，
镜泊月传情销魂。
仔细品读两轮圆月，
激活野庐里的一颗冰心。
赶紧沏满一杯铁观音，
让茶香飘荡着山情水韵。
邀清风月色一起痛饮，
茶比酒醉更让人倾心。

（五）夏憩镜泊

朝霞染碧波，浅月映重露。
宝镜难唤梳妆懒，昨夜狂歌舞。

渔友荐湖鲜，香味飘野庐。
早餐丰盛有情致，争抢一锅出。

树下走情侣，枝头跃松鼠。
摇荡长尾亮健美，游人急收足。

不闻朔风喧，但见雪花舞。
流水欢歌相拥抱，岩石撞飞瀑。

倚湖吟古诗，击水若散步，
天地人还三原色，景胜忘归途。

白洋淀纪事

（一）夕照

夕照浸水泡疏松，水天一夜红朦胧。
苦待月朗嫌寂寞，邀请来客飞流萤。

（二）返航

一日欲落万荷托，呼唤船艇荡银波。
鱼跃淀塘传心语，千亩湖泽霞胜火。

（三）荷

水濯清荷育蒲团，睡莲平展腰身软。
扁画立诗初站起，和谐美景白洋淀。

（四）鸬鹚展技

芦苇高挑扁舟横，深藏杀手数鱼鹰。
一捕一衔一抖擞，满淀飘开新鱼腥。

（五）淀中吟

白洋淀水多广袤，承载故事知多少。
碧波粼粼风轻闪，梦也依依云袅娜。
闲卧扁舟凭远眺，水天一色空寂寥。
古往今来细品味，相思如澜情如潮。

（六）看《嘎子印象》演出

珍珠白洋镶冀中，未见血雨闻腥风。
神出鬼没惊贼胆，嘎子当初好年青。

千指日寇泯人性，烧杀掳掠逞骄横。
军民合力端炮楼，淀边称颂鬼不灵。

汤原风光

（一）

朝霞映晨露，折射七彩谱。
染红大亮子，泼绘山水图。

（二）

天成氧吧风也鲜，轻弹松针传递甜。
亮子河畔森林浴，一呼一吸一陶然。

（三）

错落有致显洞天，聚合别墅挺深山。
非是豪华贵胄宅，实在新潮农家院。

（四）

深山藏猛兽，浅水戏胡罗。
冷调大森林，热圈小木克。
邀友神仙游，品食农家乐。
召唤一锅出，香漫汤旺河。

（五）

蓝天牧流云，清风绕绿林。
褐石阻白水，浪摇悬桥晕。

（六）

石拦浪激荡，天热水清凉。
栈桥绊归履，夕阳复朝阳。

井冈翠竹

你的身姿好靓，
亭亭玉立挺拔向上。
你的枝叶好壮，
沐雨抖擞迎风张扬。
阳光下一片翠绿的瀚海，
装点风景如画的五百里井冈。
天地间一队忠诚的战士，
护卫革命圣地永恒的荣光。
巍巍的井冈啊，
养育了茁壮的翠竹。
漫山的翠竹啊，
让天下知晓了井冈。
茂密的竹林演义了红色的历史，
红色的历史让竹林名声远扬。
你曾经和红小鬼共守哨口，
把竹矛插进敌人的心脏。
你曾经奉献出鲜嫩的新笋，
让瓜菜相伴充当特别的军粮。
你曾经聆听英雄杀敌的歌声，
跟着毛委员天天打胜仗。
你曾经眺望八角楼的灯火，
预报着新中国来临的曙光。

啊！每一个竹节都记载着九死一生，
每一片竹叶都见证着红色的希望。
每一根竹干都助燃了星星之火，
每一支竹笛都吹奏出胜利的交响。
井冈翠竹啊，
你这永不离岗的战士，
井冈翠竹哟，
你这罗霄山脉的儿郎。
请你接受后来人郑重的敬礼，
请你笑纳继承者火热的衷肠。
不要慨叹枯干旧枝的衰败，
历史的法则从来都是后来居上。
悄然褪去的黄叶下轮回新的希冀，
逢春抽出的新芽又萌生青春力量。
因为有红色的土地哺育，
因为有英雄的鲜血滋养。
井冈翠竹展示英姿勃发的生机，
翠竹井冈总是革命人眷恋的家乡。
翠竹成长连绵不绝的新生代，
井冈精神与翠竹一样永世传扬。
万岁井冈山铺天盖地的翠竹，
万岁翠竹卫护的巍巍井冈。

三江即景

山朦胧，水朦胧，一株小树竞峥嵘。
驮起群鸟暂小憩，再蓄能量奔前程。

山多情，水多情，山水合意育生灵。
三江湿地今犹在，不信鱼少草不丰。

山凝重，水凝重，家园修复赖诸翁。
自然和谐天景秀，引来黄鹂翠柳鸣。

野鸭戏浮萍

你也漂，他也漂，轻拨蓝水任逍遥。
浮萍野鸭比动静，各领风骚互嬉闹。

你悄悄，他悄悄，和谐美梦岂能扰？
借草藏身观天地，惹起股股相思潮。

建筑工地

蕴积底气打大桩，钢筋水泥筑高墙。
又是一道靓丽景，随处可见任张扬。

江中奇峰

临江凸起一屏风，虽欠雄壮也峥嵘。
天韵地气一身载，幻化龟图守关峰。

乌尔古力抒怀

三江原野是东极的标签，
乌尔古力是富锦的名片。
乌尔古力地处三江一隅，
三江映衬乌尔古力峰峦。
乌尔古力——健壮的小伙，
赫哲名字深寓挚朴的期盼。
祝人像山一样热情健壮，
愿山像人一样富有情感。

乌尔古力是座美丽的大山，
嶙峋怪石守望风光无限。
草木葱茏诱惑鹰鸟亮翅，
阳光雨露护育山体容颜。
不蘸浓墨天成秀美画卷，
绝妙画技征服了传世笔砚。
眺望大山就像读首诗作，
这里生长芬芳也生产灿烂。

乌尔古力是座英雄的大山，
抗俄抗日抗击血腥的污染。
当敌寇讪笑着骑上了脖颈，
你头颅一举把小丑掀翻。

常隆基击毙了敌酋的气焰，
好小伙护卫了民族尊严。
机枪大炮岂能征服斗志？
乌山有鲜花也有复仇利剑。

乌尔古力是座富饶的大山，
勤劳撬开了宝藏的门闩。
幸运一下子敞开怀抱，
登山揽胜寻觅致富亮点。
你用肩膀扛起飞转的风车，
你用风力为富裕之火助燃，
你架通了梦想的希望之桥，
你许下了更高更强的诺言。

乌尔古力是座幸福的大山，
凭山借势建设快乐驿站。
让每一块山石为幸福奠基，
让每一种物产把喜悦奉献。
岁月淡化了旧梦的云烟，
林涛吼醒了新生的眷恋。
借蒙太奇把时空组接，
携过去现在一同走向明天。

湿地

（一）泊

蛙鸣湾愈静，秋深水更清。
人去船自行，深藏数浅星。

（二）鱼草谐趣

水天相融一体色，花盛草茂两相和。
鱼翔浅底唤不出，轻啄根系吮快活。

（三）蒲苇共和图

蒲棒做笔绘佳景，不蘸浓墨染金风。
苇蒿抒怀排浩浪，绝色秋光天生成。

（四）三江沼泽

绿水浅滩多错落，天布棋子互折磨。
无意生成连心锁，锁住多彩好江河。

（五）湿地平原

秋水明镜倒映天，只见五花不见山。
平原同样好风景，引逗飞鸟舞翩跹。

（六）日月同辉

朝阳落日同辉煌，春华秋实草木旺。
湿地湖泽多神韵，长风吹水溢诗香。

（七）湿地情怀

夏季的湿地是和谐乐园，

慈爱的阳光为热情保鲜。
暮归的牛羊刚收留脚步，
出巡的獐狍又结伴狂颠。
飞鸟发动滑翔的悠闲，
野鸭展开沙哑的神侃。
游虾戏啄睡莲的懒散，
皓月又惹起蛙鸣一片。
回归、崇尚、呵护自然，
大自然存活无尽的梦幻。
水面何时恢复了宁静？
苇塘边摇来慰问的渔船。

（八）湿地巡礼

湿润退化为苦涩的记忆，
干燥助长了沙尘的暴戾。
小河子还是郁郁葱葱，
任凭季风一年四度的巡礼。
水草丰美，树高林密，
鱼虾游弋，蛙鸣千里。
一副久违的田园诗画，
依然存续昨天的静谧。
我们觉醒了切肤的感悟，
生命之洲啊，氢二氧一。
谁把湿地从版图上划走，
一定成为人类的天敌。

（九）湿地感怀

无边沼泽地，泥水陷双膝。
驭手无缰也惊呼，吁——！

亘古少人迹，今日飘红旗。
不为开荒为护“荒”，情系大湿地。

环保志士行，花开有消息。
守望三江原生态，遍野芳草绿。

风调雨也顺，氧足便呼吸。
人类今日终觉悟，保“肾”须努力。

和谐大自然，生态弃功利。
还我清凉山水韵，雏燕啄春泥！

（十）湿地博物馆

一部立体的书典，
集结了生态大全。
一组精美的动漫，
激活了湿地乐园。
走兽穿林，苍鹭飞天，
鱼虾戏水，花草悠然。
大三江的千姿百态，
看不够，想不尽，读不完……

（十一）生态乐园湿地馆

天降喜雨化甘霖，
潜入沼泽孕精神。
三江福厚疆域阔，
全赖湿地护风润。

鱼兽追随秋光劲，
鸟禽衔来又一春。
宣教馆藏大世界，
草木峥嵘织年轮。

三江月夜

月下的三江宁静温馨，
三江的月色可意清纯。
黑鱼泡投靠三江怀抱，
美妙的月夜浸透情韵。
微风轻吹，雾霭撩人，
湿地有约，蛙鸣阵阵。
遍数一洼洼清凉的泡水，
泡泡闪现月亮的化身。
月亮宛如慈爱的母亲，
月光把每个角落抚慰。
置于黑鱼泡盛夏的月夜，
思潮如澜柔情销魂。

观悬崖跳水

谁见过波涛搭建的舞台？
谁见过身躯演绎的精彩？
快到吊水楼前先睹为快，
独幕大戏刚刚彩排。

一条壮汉从悬崖上跃起，
一道彩虹顺飞瀑散开。
钻心湖不敢把你埋没，
任凭双臂把激流剪裁。

好个硬硬朗朗的跳水骁将，
好个结结实实的健美身材。
这一跳跳出了牡丹江的骄傲，
这一跃跃出了吉尼斯的感慨。

森林的手臂扬起了你的斗志，
逐浪的喧嚣激发了你的豪迈。
徒手攀岩又冲向悬崖之巅，
趁阳光灿烂重复曾经的精彩！

大地的表情

大地的表情庄严凝重，
朔风正与严寒结盟。
旷野还在雪被下冬眠，
静候来年流水淙淙。

大地的表情和缓平静，
春阳初上冰雪消融。
渴望播下饱满的种子，
也曾悉听草木峥嵘。

大地的表情热烈激动，
旷野的秧苗抖擞起精神。
漫天的纱帐组成围屏，
相告俘获丰厚的收成。

大地的表情亢奋冲动，
无边稻海有“联合收”航行。
张大嘴巴尽情吞吐，
今年又是个好光景。

大地的表情变化无穷，
仿佛川剧变脸精英。

大地的表情十分可贵，
搅动心潮咆哮奔腾。

大地的表情与农业同程，
三江大地五谷丰登。
无边的田畴从天边涌来，
无尽的收获向太阳集中。

大地的表情复印诗情，
情感细腻情真意浓。
共同开启会心的微笑，
人间和谐大地葱茏。

夜·梦

夜是生产梦的工厂，
每个梦都不重样。
梦不会在流水线上产生，
夜只能算手工作坊。
阳光才能将梦修复，
修复到与希冀一样。
而这时人已醒来，
不经意间远离了温馨的作坊。

佳木斯印象

天高地阔大江宽，西水东流润三山。
佳城名靓容颜美，曾经东北小延安。

遥想当年创业艰，壮士血热松水寒。
众志成城展宏图，打造一片新家园。

往事旧梦化云烟，英雄辈出莫等闲。
今日重续断代史，科学发展正当年。

诗城佳木斯

佳木斯像首诗，诗成于斯斯成诗。
当年抗战烽烟起，抗联勇士战于斯。
浴血奋斗十四载，血肉化作英雄诗。

解放战争军情急，合江省委挺进斯。
打造东北小延安，三江流水吟新诗。
华夏东极天亮早，共和国长子生于斯。

开发建设北大荒，谱写辉煌断代史。
斯是斯，诗是诗，斯诗互动在今时。
有幸相逢好年代，总把这斯变那诗。

广场遐想

请你驻足，请你举目。
这是三江大地神经中枢，
聚合了佳木斯风情无数。
勾勒宏伟蓝图，调度安康富足。
一部摊开的书哟，窗口密藏字符。
东极之都正在崛起，
——秘笈最佳的解读。

风车吟

今日向何方？又是东山上。
看一眼旋转的风车，
摸一下聚财的宝箱。
东山树起了梦想，
东山放飞了希望。
东山的风也酣畅，
早把小康生活点亮。
都市华灯为你畅想，
工厂马达为你排行。
你这郁郁葱葱的山峦哟，
隆起的动力之乡！

彩虹机场

漫天的雾霾也有灵性，
生就为了映衬彩虹；
飞越的彩虹也知感应，
跻身叩探机场的同宗。
彩虹机场美丽的梦境，
机场彩虹灿烂的清醒，
机身划出彩虹般的弧线，
放飞佳市人希望的图腾。

望秋收

伙计哟，
你要跟谁比阔，
浑圆的体态远离了婀娜。
已经闻到了丰收的气息，
指点那纵横的阡陌绿波。
稻菽还在拔伸骨骼，
金风哟刚从梦中聚合，
你就忙着把收获调拨，
这一片归你，
那一片归我！

粮都秋色

白杨是参天的列兵，
守望着一年一度的收成。
金豆像凯旋的功臣，
随处摇响沙沙的风铃。
这就是粮都的即景，
这就是东极的风情。
“联合收”还未曾徜徉，
富裕已被收入囊中。

知青广场

一组历史的平台，一部生命的断代。
憧憬从这里出发，沧桑由岁月承载。
渲泄尘封的激情，敞开火热的胸怀。
广阔天地展示作为，知青耕耘依然豪迈。
松水滔滔呼唤旧友，无限风光奔向未来。

小站

一个小站数十年，也见辛酸也尝甜。
别看旧弱体态小，历经故事讲不完。
当年开发大三江，小站壮士初结缘。
相摽一起比奉献，和谐共写创业篇。
铁路依然两根线，串起从前连永远。
还请小站作见证，辈辈幸福拉不完。

粮囤

好哇！你这大肚子的伙伴，
胃口俱佳，体态浑圆。
用多少飘香的稻麦豆黍，
才能把你的家族个个撑满？

好哇！你这善解人意的“老贪”，
终于理解种田人热烈的期盼。
赶快囤藏这丰盈的收获，
饶你一声催促的长鞭！

新粮入仓，仓仓都是风景线，
入仓新粮，粒粒都是籽饱粒干，
你囤居了共和国粗壮的底气，
你签署了中国人饱暖的订单。

边防哨所护卫的不就是你吗？
都市餐桌端来的不就是你吗？
百姓存折记录的不就是你吗？
总理笑靥显露的不就是你吗？

好哇！你这交心的伙伴，
这勾拉起来至少百年，
只要神州需要你的付出，
粮食哟准时赶赴地北天南！

甜蜜的礼赞

一个菜名激活了麻木的味觉，
硕大果实支撑起传统的产业。
齐刷刷、绿油油、甜蜜蜜，
三种描述表达出同样的喜悦。
物资短缺的孩提时代，
我们仿佛与糖块隔绝。
甜菜成了同伴的珍宠，
糖稀拌甜了清苦岁月。
三江平原甜菜之都，
菜田铺展开期盼的热烈。
菜农估算着收获的日期，
主妇体味着甜蜜的咀嚼。
是谁抱来成摞的订单？
是谁传递扩产的预约？
甜蜜的种子甜蜜的希望，
甜蜜的岂止是傲人的事业。

城市写意

不用有声的言语，
不寻涂色的画笔，
借助光影图谱，
展览城市的绮丽。

撩开久远的印痕，
追踪城市的履历，
解读百年富锦，
曾经的风霜雪雨。

或许有些新奇，
或许怀疑自欺，
四代的楼台亭榭，
博弈着和谐统一。

高大与低矮对比，
工整是重复的用语，
旧城新楼一样宝贵，
刻下了成长轨迹。

把空间充分压缩，
让时间定格小憩，
扫描尺牍细枝末节，
让想像尽情过滤。

昨天渴望在今天延续，
今天又为明天奠基，
打造平台规划新的城市，
养眼的将是跨越的美丽。

松花江

一把无弦的古琴，弹奏峥嵘的流韵。
演绎了春风浩荡，咏叹出秋风强劲。

一条岁月的绸带，拴结繁衍的族群。
维系连绵的梦想，传承茂盛的基因。

一幕多彩的荧屏，映照曾经的打拼。
定格了既往的辉煌，锁住了五彩缤纷。

奔腾不息的松花江哟，你是荧屏绸带古琴。
记录了这方神奇的土地，滋润出百年富锦。

无须展示醉人的靓丽，无须张扬傲人的贵尊。
你听那喧嚣的江水，正倾吐新童话的伴音。

秧歌情

（一）

心藏喜气口不开，偏借秧歌抒情怀。
赤橙黄绿青蓝紫，扭出满街新光彩。

（二）

不用借风也掀浪，秧歌舞蹈好时光。
此情此景无穷期，松花江水正浩荡。

富锦百年

一个响亮的名字——富锦，
凝聚了三江的精气神；
两个吉利的谐音——福近，
招惹了幸福敲家门！
富锦——福近，福近——富锦，
原来是一对孪亲。
携手庆贺第一个百岁，
百岁诞生了青春风韵。
富锦百年，福近何止百年？
百年富锦，幸福永不穷尽。

百年堆积的岁月，
见证了这方水土这方人。
百年，世纪之树的一轮，
百年，历史长河的一瞬。
瞄准下一个、若干个百年，
一步步向新的幸福靠近！

富锦印象

一桥飞架衔两厢，双山分布东西方。
五街同贯舒筋脉，九水通江展兴旺。
松江侧畔富锦秀，科学发展见榜样。
百年之城重崛起，大手大笔书华章。

元首楼湖景

元首楼前任凭栏，闲湖宽阔风景鲜。
柳丝软垂蘸碧水，细雨轻沥若无烟。

双鳄衔桥戏珠环，群鱼追逐穿浅滩。
最恋远眺极致处，莽莽苍苍毛公山。

荷花吟

绿荷红花涨沟塘，清水掩身护暗香。
谁化腐朽为神奇，造化极致亦平常。

江畔礼花

天女撒下一蓝花，落入湖泽化云霞。
不是艺人玩潇洒，自然天成一幅画。

久旱逢雨

凉风急令龙卷云，半空微晴半空阴。
天遂人愿瓢泼注，雨后斜阳初临门。

游愿海寺

莲花花莲托虔诚，愿海海愿聚二僧。
南来北往香火客，皈依崇善是真情。

慈善之城

（一）

彰显人的天性，
弘扬淳朴民风，
传统和现代联手，
打造慈善文明。
同情是慈善之基，
慈善孕生贤圣。
东极天府崇尚慈善，
人心所向互动联盟。
放飞一方人奉献的向往，
引领黑土地慈善的行踪。

（二）

点燃普济火种，
复活慈善本能。
慈悲为怀与人为善，
善待天下慈有支撑。
大爱无疆，大爱永恒，
大爱似水，润物无声。
善良融化了暴风骤雨，
仁爱珍藏起艳阳春风。
浩浩伟业，朗朗天功，
赫然照耀慈善之城！

海韵

潮水收敛的太急、太紧，
把观光的海螺撂到了黄昏。
赶海人拾起这个尤物，
一把螺号抚慰远方的亲人。
亲人正测绘大地的青春，
日夜期盼咯咸的温馨。
可是那里仅有大漠荒沙，
大海就成了梦中的楼蜃。
自从螺号挤进了帐篷，
清晨便响起叫早的号音。
测风杆幻成了点点帆影，
荒漠中醒来赶海的一群。

圆月亏月重显出潮汐符号，
东风西风宛如海涛阵阵。
螺号是世间最美的音响，
荒野大漠也有大海情深。
山海再宽也不及宽广的心海，
那里有一支不竭的海韵。

观松

天刀切石壁，云矮山矗立。
仰望崖上松，挺直入雾里。
最早接日出，寻常挡风雨。
炼就不坏体，四季也如一。

清明节感怀

（一）

清明时节初踏青，冰雪渐消绿朦胧。
怅然慨叹单颜色，忽见小囡舞红绫。

（二）

清明转节令，雪残春催生。
招友郊外聚，酒前先品茗。

（三）

挚友诚邀访田庄，未见主人迎客忙。
紧扣柴扉答声慢，小屋飘溢绿茶香。

第二卷

春游

浓雨冲淡春愁，
绿清瘦，
水凉难阻密友荡扁舟。
临江风，
煮热酒，
展亮喉。
蓦间嫣红姹紫涌心头。

秋思

秋深露凝重，
阳艳风渐清。
重露清风润彩笔，
天成美佳景。

霜染枫林醉，
雨后枝叶红。
不见离人送别泪，
却有相思情。

何吝山川秀，
把酒叹金风。
心中总有春光在，
无论夏秋冬。

北国秋色浓

四季钟神秀，
独有秋光胜一筹，
五花山色浓似酒，
可口，
未曾狂饮醉心头。

一汪绿水暗自流，
光影图谱眼底收，
我愿此景常厮守，
久候，
北国风光竞神州。

界江

奔腾喧闹界江，
分离中俄两方。
白云黑水千重浪，
共拥一轮朝阳。

那边沉寂依然，
这里耕耘正忙。
合作开发补短长，
四季风吹无恙。

大力加湖

绿峰叠翠清亮水，
大力加湖娇颜媚。
地球健肾源，
草肥风更鲜。
蛙鸣邀虫鱼，
合韵东极篇。
老夫喜狂澜，
诗兴赢昨天。

白桦林

集结素衣使者，
飞临东极宿营。
邀请秋色铺霓虹，
高歌一曲抒峥嵘。
枝弹萧瑟风。

穿越千年时空，
白桦依然多情。
耕耘劳作人间事，
相伴芳菲做围屏。
故事又发生。

暮归

白云绿草清水，
牧歌短笛野炊。
栖息大湿地，
人牛谐趣暮归。
暮归，暮归，
相思如澜不退。

商埠

平地凸起新街区，
收拢商贾云集，
琳琅满目皆佳品，
俏妇驻足立，
商量人民币。

邻居长舌惹购欲，
柜台争宠攀比，
今年流行多元色，
买进来满足，
长留住喜气。

清晨观友诗画

夜雨带来春消息，
早有约，踏青去。
老友嗟叹催声急，
举步须努力。

清晨泼墨未收笔，
著诗画，抒胸臆。
信手勾勒追春图，
心中早呈绿。

校园吟

可见满目碧绿，依然春催桃李。
呵护幼苗成栋梁，阳光牵手春雨。

鼓舞莘莘学子，面壁为了破壁。
动员园丁齐努力，迎送人才成批。

医院即景

一二〇，生命依托大本营。
大本营，抗击“非典”，呵护民众。
全员康健赖医生，白衣组合靓丽景。
靓丽景，诠释奉献，彰显忠诚。

第三卷

春天春天是一部书，花朵就是书签。数着花朵，读着春天，心情欣然。红花耀眼，橙花斑斓，蓝花冷艳，还有那繁茂的绿草，散发着春天的诗笺。春[illegible]浅绿，雏燕衔新泥。泡泽游蝌蚪，硬枝垂软臂。干地淋湿雨，旷野柳梢急。踏青人行早，传递春消息。咏杏花柳絮吐丝风软刮，乍暖还寒盼杏花。昨夜雨[illegible]三五朵，今日满城绽奇葩。杏花春约白清粉淡红模糊，杏花初放含朝露。春意盎然闹枝头，偷窥香園第一族。乍暖还寒万物复苏枝叶软，飞雪又飘倒春寒。阳光明[illegible]冷气退，更喜绿树披白衫。开江冬已交班春乍来，发动寂江走冰排。先是相拥慢挪步，恍然觉悟急奔海。野趣天阔鸟拍羽，林茂云可依。小屋藏大雅，深草存野趣。邀朋三四人，把酒抒胸臆。声高风来和，闲聊无主题。夏捕鱼山溪流野趣，闸半水更急。随意撒潜网，[illegible]鱼心也[illegible]。大雨初晴狂风卷柳浪，疾雨拍大江。挣开云雾幔，水珠孵斜阳。四年吟碧水[illegible]蓝天，白云游弋展诗笺。松高柳低错落致，四年多情亦悠然。林下吟绿叶交[illegible]如[illegible]网，风送阳光拌阴凉。北国盛夏解人意，闲吊藤床浪漫藏。秋日远天转凉，秋光镜水亮。浩荡松江波，漫泡五花香。

检察官情愫

这是一组瑰丽的花环，
这是一幕蔚蓝的晴天。
这里流淌着赤诚的音符，
这里凝聚着使命的尊严。
工作与艺术奇妙的联姻，
责任与情感为情愫助产。
祖国让我们守护一方清廉，
生活让我们装点春色满园。
不要问创作冲动源于何处，
检察官就是圣洁的名片。

***2002年秋为牡丹江市首届检察官节而作。**

三江风情

一片嫣红、一片葱绿、一片鹅黄，
谁的妙笔调染收获时节水墨画廊；
一种蜿蜒、一种舒展、一种飞扬，
谁的雄姿诠释神奇土地柔意绵长。
春夏秋冬就是由你传媒链接，
平川沃野就是靠你哺育滋养；
我解读造物主珍宠的密码，
我礼拜这方人景仰的亲娘。

朝阳轻轻撩开你神秘的面纱，
你还是如昨的年青、如昨的丽靓；

你从亘古走来又向未来奔去，
你的魅力恒久正在溢彩流芳。
哦，黑龙、松花、乌苏里，
三种缠绵汇成了宽阔豪放；
聚合了、包容了就一无反顾，
一路奉献、一路欢歌、一路浩荡。

追踪你，我感悟活力升腾迸发，
采访你，我体验生命苗壮张扬。
城镇村落复写你成功的轨迹，
渔火牧歌录制你抒情的咏唱。
别笑我手脚笨拙、行动乖张，
扑向你，我退下漂泊的戎装。
别怪我贪心太盛、思维鲁莽，
牵引你，永驻我的情怀、我的梦乡。

你看，我们正续写时代的童话，
你听，我们正演奏创造的交响。
绿水奔腾处金豆摇铃、稻菽涌浪，
渔舟唱晚时“三花”肥美“五罗”透香。
让“联合收”把沃土整容熨烫，
让劳动者互道捕捉了“小康”。
来吧，向三江大地大地三江庄严承诺，
新生活的船队交给我们这一辈护航。

* 作于佳木斯市第三届检察文化节。

为节日干杯

今年，你刚刚五岁，
当属慈母膝前调皮的贝贝。
今年，你已经五岁，
宛如簇绿拥红带露的花蕾。
你却如此神奇如此独魅，
激荡起检察官情感的潮水。
你竟这样茁壮这样厚重，
引导着护法人倾心追随。
五圈年轮见证了耕耘收获，
五载月华记录下呵护栽培。
工作着生活着是美丽的，
检察文化在今天集结荟萃。
让人民检阅检察官的阵容——
我们这一队，我们这一辈。
举起那五个大字举起五杯浓酒，
让每一寸空间都被憧憬陶醉。
链接所有朋友叠加所有祝福，
为盛大的节日喝彩、干杯！

＊为第五届佳木斯检察文化节而作。

双东情

你来自华夏心脏，
我身处东极重镇，
你守望国旗升起，
我拥护晨曦光临。
一个神奇的汉字，
赋予血缘般的亲近。
一个神圣的使命，
让东风东城心连着心！

考量东字的寓韵，
何止是方位的标定？
东方与太阳最亲，
东方靠大海最近。
检察事业就是太阳，
大海就是亿万人民，
你看风从东方来，
东方风来满眼春。

* 为佳木斯市东风区检察院与北京市东城区检察院共建而作

诗·情

诗与诗装扮迷人绮丽，
情与情撞击炽热心语。
是谁引来阳光灿烂，
是谁催生东风万里。
这是我们盛大的节日啊，
未曾狂饮已带三分醉意。
今天以诗的名义集结，
明朝又向辉煌游弋。
把时间和空间再度交换吧，
定格的还是阳光东风的大旗。

*** 在东风区院第六届检察文化节诗词朗诵会上即兴而作。**

阳光 东风

号角鼓吹千帆蓬，旌旗高展心若冰。
卅年披荆斩鬼魅，云卷浪舒鉴忠诚。

挥洒阳光长征路，笑讴曹诗短歌行。
再借东风便吾辈，重弹龙剑初试锋。

*** 东风区检察院提出阳光理念，为此而作。**

美哉阳光 壮哉东风

锣鼓阵阵，鞭炮声声，
彩旗标识一年一度的喜庆。
赞歌飞扬，欢笑盈盈，
节日释放久蕴心头的憧憬。

一组影像定格法苑靓丽风景，
两个词汇集结检坛神勇奇兵。
阳光——几番创业的价值坐标，
东风——一代精英的共同姓名。

改革开放催生的稚嫩幼芽哟，
已是这般体魄这般气度这般品行。
何须细说艰辛细说征战细说成功，
大有作为早已在天蓝水碧中印证。

共和国号令我们整装待发，
未来呼唤护法人破浪远征。
肩负重任满怀希望亮剑前进，
迎万里阳光，乘浩荡东风……

第四卷

春　天春天是一部书，花朵就是书签。数着花朵，读着春天，心情欣然。红花耀眼，橙花斑斓，蓝花冷艳，还有那繁茂的绿草，我[illegible]着春天的诗笺。[illegible]浅绿，雏燕衔新泥。泡泽游蝌蚪，硬枝垂软臂。干地淋湿雨，旷野柳哨急。踏青人行早，传递春消息。咏杏花柳絮吐丝风软刮，乍暖还寒盼杏花。昨夜雨拉三五朵，今日满城绽奇葩。杏花春约白清粉淡红模糊，杏花初放含朝露。春意盎然闹枝头，偷窥香圃第一族。乍暖还寒万物复苏枝叶软，飞雪又飘倒春寒。阳光[illegible]冷气[illegible]，更喜绿树披白衫。齐江冬已交班春乍来，发动寂江走冰排。先是相拥慢挪步，恍然觉悟急奔海。野趣天阔鸟拍羽，林茂云可依。小屋藏大雅，深草存野趣。邀朋三四人，把酒抒胸臆。声高风来和，闲聊无主题。夏捕鱼山溪流野趣，闸半水更急。随意撒潜网，尤鱼心也[illegible]大雨初晴狂风卷柳浪，疾雨拍大江。抒开云雾慢，水珠孵斜阳。四丰吟碧水[illegible]洁蓝天，白云游弋展诗笺。松高柳低错落致，四丰多情亦悠然。林下吟绿叶[illegible]叠织帘网，网进阳光拌阴凉。北国盛夏解人意，闲吊藤床浪漫藏。秋日远天转凉，秋[illegible]清水亮。浩荡松江波，漫泡五花香。

寄情心语

因儿十八岁生日，老夫甚喜，为其赋诗一首，谨表祝福，期望……

黎明前的啼哭惊醒了寂静的产房，
焦灼的沙哑藏不住未来的嘹亮。
一路蹒跚走来抖擞出特别的风采，
追踪卓越的脚步初始就伴随着辉煌。
点燃十八根蜡烛点燃了金色的希望，
面对多重的期待背负起光荣和梦想。
把握人生之舵向着太阳照耀的航标奔去，
开启一个个平安却不平凡的人生远航。

童艺

——观女儿歌舞表演

才唱坐船头，又歌爱情鸟。
人小脾气犟，专追新浪潮。
着装也别致，自糊纸壳帽。
随处搭舞台，笑煞镜泊岛。

林中

森林珍藏了几多奇遇，
绿荫掩护了几多神秘。

青春岁月的真实回归，
竟在这梦幻般的雨林里。

为了躲开蚊虫的叮咛，
游人戴上纱帽回避。
狭窄的山路擦肩而过，
透过面纱认出了彼此。

当年相遇也趁这林密，
带露折花清亮如许。
你和杜鹃花一样秀美，
绿海中腾飞彩虹的旖旎。

我用口琴吹奏出相约，
我们林中商定了归期。
一阵风雨突然袭来，
卷走了几十年相见的期许……

而今林中突然巧遇，
衔接了此间空白的记忆。
还用撑起这花折伞吗？
不！让我们笑淋太阳雨。

什么也别说，都存活在梦呓，
什么也别问，已没有话题。
只有飒飒秋风吹拂绿叶，
只有情感的狂潮冲荡思绪……

爱女

依稀顽童绕床前，笑侃曾经叹月圆。
蓦然婷婷成靓妹，英姿飒飒我小囡。

握别

镜泊湖畔飞起一道绚丽的霓虹，
吊水楼旁聚合中国法苑的精英。
分明是热意逼人的炎夏酷暑，
我们的心田却荡漾着春风。
孙谦老弟，文显长兄，
感谢你邀来至爱的亲朋。
其言铮铮，其乐融融，
南腔北调汇成共同体的和声。
持唇枪的贺卫方，斩乱麻的信春鹰，
英姿勃发的黄文艺，语出惊人的石泰峰。
每段插话都是一部新版的典籍，
每次组合都是一道靓丽的风景。
今日分别又会奔赴天南地北，
或挑灯夜读，或文思纵横。
也许长时难见，也许短暂重逢，
彼此的名字已不再陌生。
待到共同体像长城一样崛起，
自有后来者为你们庆功！

***2002年7月28日作于牡丹江市镜泊湖财政培训中心。**

青春祭

当年一位插友名字很响很亮，
火红的年代赋名也叫红钢。
在广阔天地熬炼的第二个年头，
健壮的身体被“出血热”灼伤。
小米粥只能烘热他苍白的脸，
抗菌素压不住病魔的张狂。
他知道要走了，静静地走，
曾被烧红的瞳孔透射一丝绝望。
他说心不甘呀，从未与女人亲近，
泪水打湿了所有人的眼眶。
突然有一位少女挺身而出，
捧出圣洁的令人晕眩的乳房。
任凭红钢轻轻地尽情地抚摸，
直到我们把他缓缓地抬下山岗……
没人去追问偷吃禁果的顾虑，
美丽胴体化做庄重的雕像。
从此后我们曾经天南地北，
唯有这道风景永远在眼前闪光！

送别

月盈烙地冷，衰草初承冰。
感怀霜林醉，情重在长亭。

女人似水

选择由衷的语言，
真诚地把你赞美。
这一句最能开心扉，
女人似水，女人是水。
水一样的晶莹清澈，
水一样的娇柔妩媚，
合应着奔腾的狂澜，
翻卷起雪浪千堆。
似水的女人像初放的花蕾，
女人似水把天地点缀，
有了女人就有了生机，
江山处处大野芳菲。

亮起嘹亮的歌喉，
热情地把你赞美。
这一曲最能抒真情，
女人似水，女人是水。
水一样的负重载舟，
水一样的担当无悔。
聚集着山呼海啸，
滋养出刚强武威。
似水的女人裹电挟雷，
女人似水无坚不摧。
江山常在女人万岁，
太阳放射灿烂的光辉。

珍藏

人生像个巨大的行囊，
甜酸苦辣都在里边珍藏。
洋洋洒洒演义了壮美的活剧，
起起伏伏描绘出多彩的景象。
珍藏云疏霞美浅月淡星喷薄朝阳，
珍藏山清水秀燕舞莺飞桃花柳浪。
珍藏风霜雪雨变幻烟云世间百态，
珍藏春夏秋冬长空大地无限风光。
珍藏已经记牢的曾经忘却。
珍藏曾经忘却的多味创伤。
有了珍藏才有了丰富多彩的人生，
珍藏激励我们开辟未来前程无量。

人生像个巨大的行囊，
悲欢离合都在里边珍藏。
宗宗件件印证了不息的奋斗，
坎坎坷坷定格了生命的辉煌。
珍藏伊呀学语蹒跚举步初涉世事，
珍藏友谊爱情青涩成熟理想渴望。
珍藏谎言欺诈落井下石沉沦孤寂，
珍藏奋然崛起挑战自我责任担当。
珍藏已经珍藏的旷世殊荣，
珍藏永远存活的难忘时光。
有了珍藏就有了壮美的人生，
珍藏引领我们拥抱明天升腾的太阳。

第五卷

春 天春天是一部书，花朵就是书签。数着花朵，读着春天。心情欣然。红花耀眼，橙花斑斓，蓝花冷艳，还有那繁茂的绿草，散发着春天的诗笺。[illegible]映红[illegible]
浅绿。雏燕衔新泥，泡泽游蝌蚪，硬枝垂软臂。千地淋湿雨，旷野柳哨急。踏青人行早，传递春消息。咏杏花柳絮吐丝风软刮，乍暖还寒盼杏花。昨夜雨催三五朵，
今日满城绽奇葩。杏花春约白清粉淡红模糊，杏花初放含朝露。春意盎然闹枝头，偷窥香圃第一族。乍暖还寒万物复苏枝叶软，飞雪又飘倒春寒。阳光照耀冷气退，
更喜绿树披白衫。开江冬已文班春乍来，发动寂江走冰排。先是相拥慢挪步，恍然觉悟急奔海。野 趣
天阔鸟拍羽，林茂云可依。小屋藏大雅，深草存野趣。邀朋三四人，把酒抒胸臆，声高风来和，闲聊无主题。夏捕 鱼山溪流野趣，闸半水更急。随意掀潜网，无鱼心也愉。
大雨初晴狂风卷柳浪，疾雨拍大江。抒开云雾慢，水珠孵斜阳。四丰吟碧水浩浩蓝天，白云游弋展诗笺。松高柳低错落致，四丰多情亦悠然。林下吟绿叶交织佛网，
网进阳光拌阴凉。北国盛夏解人意，闲吊藤床浪漫藏。秋日远天转凉，秋光镀水亮。浩荡松江波，浸泡五花香。

我以青年的名义……

呵！又一个绿茵环抱的季节，
又一个万物萌发的春天。
柔风阵阵拉开夜的帷幕，
旭日冉冉播出美的光环，
柳笛热烈喷吐复苏的欢乐，
晨钟悠扬催动跃进的航船。
年轻的朋友，走上前来吧，
我以青年的名义呼唤，
面对山河，让感情的激流飞泻，
放纵诗的喷泉。
万里春光哟，谁不敞怀拥抱？
沸腾生活哟，谁不醉心爱恋？
呵！年轻的朋友，向前，再向前，
握住生活的手，带着爱人的冲动，
张开热唇，尽情地吻吧，
每一立方分米都是爱情的空间。

让我们挽手，前进一程吧，
任凭冒火的诗句叩开荒芜的心田。
你责怪我不配写下青春的字迹，
如同我没有值得煊赫的伟绩颂赞；
不错，也许我无权谈论生活的哲理，
因为我曾玷污过理想，徘徊辗转。

但是，我要说，我要写，
拍拍胸脯——一座青春的火山。
我要说，因为：
我摇过红领巾游船的长橹，
我点燃夏令营第一缕炊烟；
鸟儿栖息的树下漫谈过人生道路，
大浪淘沙的海滩憧憬祖国明天！
我要写，因为：
我是一个青年，
有血、有肉、有灵、有感，
有火的性格，还有钢铁一样的信念……
青年——价值千金的名义，
万层坚冰压不住胸中的呐喊。

好朋友，让我说下去吧，
不要管我热泪涟涟，
十年浩劫，掠走了热情、理想，
豺狼毒液，染污了心灵、笔端。
呵，朋友！为什么这样颤抖
是压抑还是鼓起愤怒的波澜？
你好像说，休要提起吧，那些发疯的年月，
魔鬼愚弄了天真的热情、无知的勇敢。
且莫提起吧，那些罪恶的黑手，

抹去理想的蓝图，蹂躏青春的花瓣。
正因为如此，我更要说，要喊，
罪恶的十年早该统统扫荡，
就因为这样，我更要提，要念，
母亲的胸脯再不容半点黑斑！
呵！朋友，不要悲叹虚度的年华，
伸出胳膊，青春热血重注干瘪的血管，
不要追溯消逝的梦境，
勤奋耕耘，理想的种籽播入青年心田，
十年磨砺，正好锤炼我们的意志，
满身创伤，正好加固我们的肝胆，
时光飞逝，难道只有仰天长叹？
咬咬牙，揩净滴血的伤口，
消灭毒菌，剜掉烂肉，再揉进一把盐。
快些结束吧，那些蹩脚的赘言，
高谈阔论，没有那些时间，
朋友哟，扑向生活的海洋吧，
张起航帆，紧荡双桨，切莫迟延。
不去驾驶澎湃春潮算得什么水手？
不去搏击万里云天算得什么骄燕？
不去战胜艰难险阻算得什么勇士？
不去投入火热斗争算得什么青年？
张张日历，再不能空化流萤飞去，
宝贵的时光，再不能任意挥霍糟践。

那是谁？奏起了向未来进军的旋律？
新长征的突击手又辞别昨日的营盘！
呵！年轻的朋友！
飞身赶上时代的队伍，
用现代化的速度，
向历史索回时间。
来吧，让我们乘上爱因斯坦火箭，
一路高歌，飞到世界前面。
展开我们的蓝图吧！从物质到精神，
预报我们的发明吧，从微观到宏观。
让历史惊叹吧，评论这不可思议的一代，
让后人挑指吧，称赞这二十世纪的祖先。
全部的秘密——一句话，
我们是新中国的青年！

呵！青年！一句话一千个叹号，
呵！青年！两个字，两座大山！
念起她，谁的热血不陡沸千丈；
读起她，谁的心灵不倍受震撼；
剖开胸膛，竖起高炉一座，
捧起心来，都是赤诚一片。
生活呀，如果尽是舞步轻旋，
何以显示我们的体魄，
青春呀，如果都是低眉细语，

何以谈论人生的庄严！
呵！朋友，再读一遍《向困难进军》，
再写首《青春的秘密》续篇。
青年从来就和斗争相伴，
生活从来就和劳动紧密相连。
新长征的滚滚铁流啊，
青年一代——尖兵班。
呵！又一个丰收的季节，
又一个生机勃勃的艳阳天，
手拉手，涉过知识的海洋，
肩并肩，攀上未来的峰峦，
让小川同志再做首春歌吧，
我们以青年的名义呼唤。
啊！诗行我们正在写就：
用科学理想，用跃进尺标，用宇宙飞船……
来吧，年轻的朋友，
趁彩霞正浓，抖开旌旗一杆，
祖国呀，你放心吧，
未来担在我们双肩！

*1980年《牡丹江文艺》秋季号。

 科学的宣言

架起十万分贝的扬声器，
迎着晨风，播送我的呐喊；
裁开八千八百顷锦绣，
蘸着激情，疾书我的宣言。
再不能缄默了，
现代化的交响乐已奏出雄浑的序曲，
再也不能旁观了，
发明的浓缩铀正释放万丈烈焰。
既然扫荡了阻塞未来的残垣断壁，
还有什么理由欲行又止？
既然宇航轨道驱散了惰性的夜幕，
怎能任时光维修旧梦的营盘？
我——科学，我来了，
乘着划时代的光速火箭。
敬礼！未来世界的创造者，
时间、空间——这就是我的名片。

我——科学，新世纪的骄子，
论资辈吗？曾和人类同庚同年，
迷信的坚冰你只能延缓我的成长，
却永远无法把我扼杀在生命的摇篮，
教会的烟火，你只能焚烧布鲁诺的身躯，
却永远无法驱散日心说的断言。
而现在，吸吮物质文明的精华，

我已长成一条大汉，
从废墟中抖擞挺起，
跨上“未来号”的甲板，
面对浩瀚的大千世界，
公布新时代的宣言：
我带来发明的奇迹，真理的宝剑，
我驱逐，我迎接，
我破坏，我重建，
过去、现在、将来，
都要接受我的检验。
我为愚昧落后送终，
我为文明进步助产。
我向一切迷信、偶像挑战，
我向一切懒惰、无能挑战，
我向地球、空间、宇宙挑战，
把禁锢抛进大海，
把僵化焚成硝烟，
把发明擎在手中，
把创造写在长天。

*1981年《牡丹江》夏季号。

我听到了

清晨，我在广场漫步，收听新闻，
蓦地，动脉连起了四化的神经，
希望的朝霞在眼前熊熊燃烧，
感情的洪涛在胸中激荡奔涌。

我听到了：
万吨水压机轧出民主管理的坯胎，
呼啸的列车载来现代化建设的智能，
包产到户的硕果胀破了极左路践的桎梏，
科学种田的禾苗在沃野上抽穗摇铃。

我听到了：
葛洲坝腾飞回灌天河的水闸，
南海大陆架牵出飞奔的油龙，
罗布泊终于揭开了神秘莫测的面纱，
多头导弹驮起保卫和平的雷霆。

我听到了：
杨小运和“永久”工人挑战的故事，
昔时的乞丐给灾区汇寄三百元现金，
工程师热恋着卖大碗茶的姑娘，
研究生与矿工合著一篇论文。

我听到了：
曾失去信念的青年出版了《复活》诗集，

迷茫的“亚瑟”重新开展“生活”的争论，
实现四化筑成民族钢铁的意志，
精神文明的战歌激动了千百万雷锋！

我听到了：
体育热掀起了振兴中华的声浪，
民航机驾起中美友谊的彩虹。
五星红旗聚集不同肤色的和平战士，
复苏的中国终于挺立世界之林。

我倾听这一切的一切，
这一切的一切我静静倾听，
我看到了冲破雾霭冉冉东升的一轮红日，
我听到了祖国前进那“踏踏”的脚步声。

我曾经死过，在那没有新闻的十年，
死去的是懦弱而消沉的灵魂，
我勇敢地生活，和着新闻的节奏，
理想鼓舞我投入火热的斗争。

诚然，大地上仍残存着那十年的残雪，
但春阳消融了古堡的冰凌，
天空还有黑色的烟，苦涩的风，
而纯净的氧正在净化空间的每立方公分。

我收听新闻，我收听美和希望，
我收听新闻，我迸发爱和诗情。
这点点滴滴的新闻消息，
就是引我奋然前行的火种。

清晨，我在广场漫步，收听新闻，
我仿佛看到祝捷的喜报，披绿戴红。
让所有朋友一起高唱：
“前进的祖国呵，你正年轻！”

***1982年第一期《牡丹江》（双月刊）。**

小路即景

一条小路，弯曲的小路，
勾住我的思绪，引我走向松林深处。
阳光穿过交叠的松针弹散几滴雨水，
撒下串串辉煌耀眼的珍珠。
秋雨洗涤了嘈杂的尘埃，
吸一口甜丝丝，凉瓦瓦的晨雾。
突然，一只松鼠从路边跃起，
瞪大两颗流动疑问的眼珠。
我不愿打扰这个松林贵族的酣梦，
停住了寻觅新奇的脚步。
它笑了，甩动了长长的尾巴，
绿海中燃烧一只灿烂的火把。

抱月湾遐想（外一首）

（一）

搂着弯月，搂着星光，
悄悄地走进甜蜜的梦乡。
抱月湾睡了，
连同夏日的阵阵喧响。
睡了，推波碾浪的舢板，
撩情拨意的双桨，
睡了，青春重发的老教授，
刚刚离休的军首长。
白昼的交响曲太强烈了，
夜的酣声才这样甜香！
月色拉长我的身影，
也拉长我奔驰的想像。
躺在这天然的摇床里，
和风轻轻吻着衣裳。
猛抬头，我看到两个月亮在笑，
一个在水中，一个在天上……

（二）

山睡了，
偎在水的怀抱。

水睡了，
依在大孤山脚。
你醒着，
把一轮皓月相邀。
抱月湾呵，
童话的港湾，
点点的星海，
奔涌的灯湖，
宛如黎明在霞火中燃烧。
*1984年第三期《牡丹江》（文学双月刊）。

渔归

黛色的群峦蒙上一层轻纱，
悠然躺在恬静的湖中。
一叶扁舟从霞光里飞来，
搅颤我心中荡漾的诗情。
船舱里红尾跃起，
一只，两只……
撒下一串渔女的笑声。
我仿佛看到探求的网张开，
蓦然复归了缠绵的诗魂。
*1984年第三期《牡丹江》（文学双月刊）。

致中国公民

曙光划破笼罩天宇的夜幔，
早霞抹去浅浅淡淡的繁星。
和风舒展冉冉上升的旗帜，
晨钟召唤飞驰而至的黎明。
你好，我们年轻的共和国，
你好，红旗上的五颗金星。
新的一天又悄悄拉开帷幕，
新的希望又悄悄萌发躁动。

多少年了，生活从这里开始，
当开国大典的礼炮轰鸣；
多少次了，歌声从这里响起，
当社会主义的旋律诞生。
我用热切的向往追逐太阳，
胸中的热血陡沸千丈。
我把真诚的祝福献给你们，
感情的激流呵咆哮奔涌。

我生长在这片神奇的土地上，
母亲给我坚强的四肢明亮的眼睛。
我奋斗在这个神话的国度里，
事业给我幸福的追求甜美的憧憬。
这里的每滴露珠牵动我的思绪，
从昆仑的冰雪到长江的波涛；

这里的每颗星火都引发我的诗情，
从边塞的篝火到天安门的华灯。

四十年了，四十次寒暑相易，
有多少理想变成了现实；
四十载了，四十番北斗转柄，
有多少创造获得了成功。
母亲驱走了病态的容颜，
祖国迎来了坚实的强盛。
时代列车飞过一站又一站，
共和国大厦加高一层又一层。

是的，巨大的成就谁不赞颂，
四十年间竟把几个世纪包容。
不毛之地开满争奇斗妍的鲜花，
侵略者的利刀冶炼成优质钢锭。
庄稼汉揪住小康人家的尾巴，
建设者揿响富裕殿堂的门铃。
花山旗海掩埋了困难忧愁，
万里河山处处充满希望光明。

是的，伟大的变革谁不歌咏，
改革开放激荡起世界风云。
政策和科技一齐引入生活，
生产力的熊熊烈火又借助了东风。

我们把神话与现实嫁接，
每一棵秧苗都抖搂出活力。
我们把创造与劳动贯通，
每一朵浪花都展示出繁荣。

是的，历史的巨变谁不震惊？
中国挺立于世界之林！
加速器轰击出现代科学的轨迹，
人造卫星发来宇航时代的邀请。
炎黄子孙向诺贝尔奖发起冲刺，
大陆的学者在海外宣读论文。
联大会议我们举起捍卫和平的权力，
国际交流我们赢得各国的尊重。

是的，无垠的巨变值得赞颂！
是的，无限的骄傲值得歌咏！
然而，我们难道可以沉醉酣梦，
任生活的醇酒泡软每一根神经。
公民们，我是那样相信你们，
今天，还是要做出这样的提醒：
在这风云变幻的世界面前，
明天的征途怎会没有雷声？

那茂盛的森林正在被无知砍伐，
那枯瘦的资源还在被掠夺加工；
人口爆炸困扰每一个决策者，

水土流失使黄河水浑浑清清；
官倒私倒组合成新的灾害，
分配不公摇撼了社会的安定。
这是历史从未有过的艰难困苦，
共和国航船怎样翻越礁丛？

于是，有人拿出四十年前的设计，
悄然把社会主义罗盘扭动：
有人借改革开放贩卖私货，
在长青树上缠绕有毒的葛藤。
杜勒斯的信徒露出欣喜的微笑，
仿佛真的是西风压倒东风。
我们的党又一次校正方位，
共和国的旗帜要永远鲜红。

一切已经发生，一切正在发生，
义勇军进行曲没有走调；
一切已经证明，一切还在证明，
共和国的旗帜我们高擎！
一切已经发生，一切正在发生，
红色种子又抽出了新芽；
一切已经证明，一切还在证明，
社会主义花朵不会凋零。

亲爱的公民，我要直言相告，
可能过于尖刻，且不合时令：

面对一切需要三倍的冷静，
反思应当使我们更加清醒！
我们又一次选择了历史，
历史又一次选择了我们。
让历史告诉未来的是先辈，
回答今日世界的是我们。

诚然，我们拥有五大洲的朋友，
然而，现代化的国家靠自己建造；
诚然，改革开放是强国之路，
然而，独立自主还是民族的魂灵。
虽说多难可以兴邦呵，
我却想，还是少一些灾情！
这个历经苦难的民族，
实在不应把更多的忧患担承！

太阳正在升腾，航船正在启动，
公民们，赶快投入火热的斗争！
既然时代已经发出了挑战，
既然中国已经开始了竞争。
纵然前方充满坎坷充满荆棘，
我们也要义无反顾奋然前行。
因为，庄严的国歌拨动心弦，
我们用血肉筑成新的长城！

*1989年《牡丹江》（建国40年征文选）。

春天的报告

岁月又一次抖开缰绳，
阳光悄悄地遣送严冬。
春风传递季节的信息，
春潮叩响生活的窗棂。
当把昨天交付给记忆，
朋友，是否感到一身轻松？
当把未来牵引到眼前，
同志，可曾报告丰厚的收成？

我相信你，胜过相信自己，
当年，我们一起冶炼忠贞；
我赞美你，如同赞美自己，
今天，我们同样充满激情。
因为我们抛洒过耕耘的汗水，
开拓中，曾付出三倍的劳动；
因为我们迸发过灵感的火花，
创作中，把未来甜美地憧憬。

多少次挑灯直到繁星满天，
多少次握笔迎来东方霞红。
多少次考察染得一身风尘，
多少次突击取消相聚约定。
别怨林荫树下匆匆握别，
只为那么多信息等待提炼加工。

别悔酣睡浓时被突然叫醒，
只为那么多构思急于实现完成！

难道我们没有懊恼没有苦衷？
不！我们有数不尽的有幸与不幸；
谁说我们缺少激情缺少乐感？
不！我们如此迷恋舞厅的彩灯。
每当掏空的工资袋裹起遗憾，
心头总会掠过淡淡的清冷；
每当鲜花和书籍反复比较，
苦笑地自嘲这寒酸的儒生。

私下里也曾思考也曾抉择，
该怎样实现奉献与索取的平衡？
富有的贫穷固然高雅，
贫穷的富有未必值得歌颂！
于是，迷恋乡镇企业的红火，
于是，向往深圳新兴的文明；
于是，寻觅多劳多得的支点，
于是，抛弃寒酸清苦的命名。

当事业再一次做出这样的选择，
我们肩头依然担负希望和信任；
当党再一次确定战士的方位，
我们仍愿做永不生锈的螺丝钉。

我们拥有那么多骄傲那么多自豪，
当纷乱的思绪升华为深邃的思想；
我们拥有如此多欣喜如此多光荣，
当正确的决策获得实践的印证。

思维的旷野上我们犁开冰层，
改革的大潮里我们搏浪前行。
升腾的旭日下我们开创业绩，
新的史记有我们政研人员的姓名！

把一切挫折一切成功留给龙年吧，
不见金蛇已与春光性急地调情。
让胸中掩藏的一百年祝愿全都飞出，
用生命撞响新春报晓的晨钟。

重游抱月湾

（一）

清风拂波影徘徊，倚湖枕浪月泛白。
碧水曲折芳踪迹，抱月湾里故人来。

（二）

曾经水榭弄倩影，湖水托台闪霓虹。
如今台在人疏去，耳畔重响烟雨蒙。

镜泊湖 青松林（外一首）

呵，好一个悠悠的镜泊湖，
呵，好一片莽莽的青松林，
你们相识在哪一个年代？
相依相伴了几度光阴？
不都是火山的后代吗？
何以是两种情思、两样风韵？

谁说两种情思、两样风韵，
分明是童话世界的两扇大门。
镜泊湖是流动的林，
——飞瀑牵出青松的涛声；
青松林是立体的湖，
——湖水染绿每一根松针。

呵镜泊湖，呵青松林，
多像一对依偎的恋人。
青松林是伟丈夫的腰干，
镜泊湖是俏姑娘的彩裙。
他把她驮上肩头，
她把他藏在湖心……

大野芳菲

——李启凡歌词集锦

第一卷 祖国礼赞

春 天春天是一部书，花朵就是书签。数着花朵，读着春天，心情欣然。红花耀眼，橙花斑斓，蓝花冷艳，还有那繁茂的绿草，就是春天的诗笺。春[illegible]晚红[illegible]浅绿，雏燕衔新泥。泡泽游蝌蚪，硬枝垂软黄。干地淋湿雨，旷野柳梢急。踏青人行早，传递春消息。咏杏花柳絮吐丝风软刮，乍暖还寒盼[illegible]。昨夜萌挂三五朵，今日满城绽奇葩。杏花春约白清粉淡红模糊，杏花初放含朝露。春意盎然闹枝头，偷窥香圃第一族。乍暖还寒万物复苏枝叶软，飞雪又飘倒春寒，阳光照[illegible]冷气退，更喜绿树披白衫。开江冬已交班春乍来，发动寂江走冰排。先是相拥慢挪步，恍然觉悟急奔海。野趣天阔鸟拍羽，林茂云可依。小屋藏大雅，深草存野趣。邀朋三四人，把酒抒胸臆，声高风来和，闲聊无主题。夏捕鱼山溪流野趣，闲半亦更急。随意撒渔网，无鱼心也愉。大雨初晴狂风卷柳浪，疾雨拍大江。拨开云雾慢，水珠孵斜阳。四丰吟碧水青山浩蓝天，白云游弋展诗笺。松高柳低错落致，四丰多情亦悠然。林下吟绿叶，[illegible]织帘网，风进阳光拌阴凉。北国盛夏解人意，闲吊藤床浪漫藏。秋日远天转凉，秋光[illegible]水亮。浩荡松江波，浸泡五花香。

祖国安康

天下吉祥鸟最美属凤凰，
世间祝福话最真是安康。
凤凰眷恋东方家园，
祝福捧给太阳故乡。
啊，祖国安康歌舞悠扬，
和谐的景象华夏之邦。
祖国安康神州和畅，
和睦的民族手足情长。

夜空焰火亮绽放七彩光，
大地百花开四季吐芬芳。
开放的中国拥抱世界，
祝福温暖地球村庄。
啊，祖国安康春风荡漾，
我们的事业天高地广。
祖国安康盛世辉煌，
我们的前程洒满阳光。

祖国正年青

红旗卷东风，祖国正年青。
红旗卷东风，祖国正年青。

朝霞托拥旭日升，江山多娇人多情。
好运连连泽盛世，五星红旗卷东风。

千古沧桑积厚望，历经苦难玉汝成。
华夏一脉重崛起，国富民强举世惊。

群山巍峨海奔涌，东方神韵共和鸣。
披荆斩棘从头越，千秋大业永传承。

群山巍峨海奔涌，东方神韵共和鸣。
呼唤天下好子孙，千秋大业永传承。

红旗卷东风，祖国正年青……

祝愿

姐妹手挽手，兄弟肩并肩。
各族儿女大庆典，围火舞蹁跹。
五星红旗岁花甲，母亲又华诞。
昨岁潮有信，弄潮月更圆。

草原铺绿毯，冰峰捧雪莲。
江南到处花似锦，塞外群芳艳。
巧手描春秀美景，蜂蝶喜流连。
今日借东风，风吹霞满天。

炎黄是祖先，四海一脉连。
同心编织中国结，深情付丝线。
祝愿祖国永安康，再唱合家欢。
明朝有佳期，佳期是春天。

祝福神州

朝霞托日出，光芒耀东方。
海涛拥明月，银辉照家乡。
中华福祉地，山水知情意。
神州聚灵气，天舒人欢畅。
啊，雄伟的河山无限风光，
啊，勤劳的人民激情昂扬。
手接手心连心徜徉风雨，
一路行一路歌一路阳光。
同祈祷江山风采仍然，
同祝福神州安顺吉祥。

代代薪火传，祖先是炎黄，
辈辈腾飞梦，今朝圆梦想。
中国挺立崭新世界，
驾彩虹放飞鲜活希望。
啊，崛起的民族势不可挡，
啊，神奇的土地舒展华章。
端金杯斟美酒面向未来，
举红旗迎太阳创造辉煌。
同祈祷地球村青春永驻，
同祝福世界安顺吉祥。

哨位在宝岛

一座宝岛回归祖国怀抱，
我的心中充满深深自豪。
我骄傲我是你的守护者，
守卫在光荣的东方第一哨。
祖国啊你放心吧，
我的钢枪就是你鲜红的界标。
我忠诚这庄严的使命，
有我在就会有军号嘹亮、军旗飘飘。

大江奔涌冲击古老石礁，
我的胸中涌起阵阵春潮。
我骄傲我是你的守护者，
守卫在遥远的东方第一哨。
祖国啊你放心吧，
你的平安就是我永恒的坐标。
我站在这宁静的哨所，
有我在就会有国歌嘹亮、国旗飘飘。

正义中国

旭日临大海，光芒耀山河。
古老华夏复兴了青春中国。
我们前进在新世纪的大路上，
胸膛里燃烧着血与火。
复兴的中国，希望的中国，
正义就是坚实的依托。
先辈人洒血缔造了共和，
当代人选择了中国特色。
阳光般的国度在阳光下成长，
公平正义是庄严的承诺。

长江奔腾急，昆仑真巍峨。
天地间挺立起强大的中国。
江南卷稻浪，雪域收青稞，
城乡展兴旺，欢笑恋村落。
沸腾的中国，和谐的中国，
正义就是崇高的品格。
正义扶助老人从容地漫步，
正义护佑儿童梦乡的酒窝。
正义的事业，正义的建设，
唱响一个正义的中国。

副歌：
我们是法律忠诚的卫士，
我们是公平正义坚强的捍卫者。
让真理的旗帜在天地间飞扬，
迎接霞光满天、红日喷薄。

中国你真行

海潮托起旭日升，林涛呼啸抒豪情。
万里江山风光美，盛世高歌中国行。

稻麦涌浪豆摇铃，江南塞北好收成。
钢花飞舞铁流滚，捷报频传化彩虹。

铁道逶迤天路通，三峡大坝锁蛟龙。
神舟遨游访月桂，跨海铺设新长城。

人民勤劳国强盛，兄弟团结万事兴。
召唤华夏重崛起，民族之林堪称雄。

五星红旗展华容，集合东西南北中。
迎着太阳迈大步，一路高歌壮东风。

第二卷　峥嵘岁月

春天春天是一部书，花朵就是书签。数着花朵，读着春天，心情欣然。红花耀眼，橙花斑斓，蓝花冷艳，还有那繁茂的绿草，散发着春天的诗笺。[illegible]浅绿，雏燕衔新泥。泡泽游蝌蚪，硬枝垂软臂。干地淋湿雨，旷野柳哨急。踏青人行早，传递春消息。咏杏花柳絮吐丝风软刮，乍暖还寒盼杏花。昨夜雨[illegible]三五朵，今日满城绽奇葩。杏花春约白清粉淡红模糊，杏花初放含朝露。春意盎然闹枝头，偷窥香园第一族。乍暖还寒万物复苏枝叶软，飞雪又飘倒春寒。阳光[illegible]冷气[illegible]更喜绿树披白衫。开江冬已交班春乍来，发动寂江走冰排。先是相拥慢挪步，恍然觉悟急奔海。野趣天阔鸟拍羽，林茂云可依。小屋藏大雅，深草存野趣。邀朋三四人，把酒抒胸臆。声高风来和，闲聊无主题。夏捕鱼山溪流野趣，闲半水更急。随意撒潜网，[illegible]心也[illegible]大雨初晴狂风卷柳浪，疾雨拍大江。挣开云雾幔，水珠孵斜阳。四丰吟碧水青山浩蓝天，白云游弋展诗笺。松高柳低错落致，四丰多情亦悠然。林下吟绿叶交[illegible]织[illegible]网[illegible]风进阳光拌阴凉。北国盛夏解人意，闲吊藤床浪漫藏。秋日远天转凉，秋光[illegible]水亮。浩荡松江波，泼泡五花香。

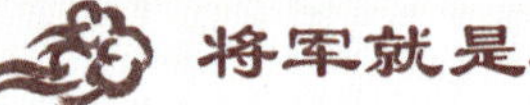

将军就是农垦魂

（一）

天地间走来浏阳人，戎马半生善打拼。
南泥湾开荒开出了瘾，统帅旧部又耕耘。
天山脚下种棉花，海南宝岛育胶林。
大江南北五谷香，铺天麦浪风点金。
好一位开国老将军，磊落平生四海闻。
随身携带五色土，遇到“老垦”攀至亲。

好一位慈祥倔老人，痴情未改主义真。
亘古荒原摆战场，兴凯湖畔抖精神。
自诩模范老后勤，捧出一颗赤子心。
日理万机忙国事，农垦兴衰系已身。
将军种下小树苗，如今长成大森林。
将军就是农垦魂，王震永远是领军。

（二）

天地间走来浏阳人，戎马半生善打拼。
南泥湾开荒开出了瘾，和平年代大进军。
虎密宝饶摆战场，完达山下布重阵。
十万官兵齐拉犁，拥戴农垦老掌门。
共和国又得新贵子，北大荒崛起农垦人。

顶天立地一老人，痴心未改主义真。
白山黑土酬壮志，捧出一颗赤子心。
农垦就是心头肉，五色彩土常护身。
站起甘当垦荒牛，倒下为民护风云。
浩浩气节铮铮骨，老将军就是农垦魂。

心潮澎湃唱红歌

一声哎呀来，悠长更豪迈。
唱出心中千千结，支支都精彩。

红歌唱起来，精神抖起来。
峥嵘岁月烽烟起，血雨腥风在。
井冈杜鹃红，宝塔做歌台。
红旗指处歌声急，中国站起来。

红歌唱起来，热泪流出来。
前人开路后人行，走进新时代。
事业有传承，应和多精彩。
红歌不断情未了，曲调终不改。

一声哎呀来，亮出新气派。
红歌向着太阳唱，光辉照万代。

红歌向着太阳唱

红歌红，红歌壮，红歌向着太阳唱。
中华百年奋斗路，路有多长歌多长。
一轮红日出韶山，万水千山都照亮。
赣水那边红一角，跟着毛委员上井岗。
延水甜来小米香，枣园的灯光映星光。
一夜狂飙钟山雨，百万雄师过大江。

红歌红，红歌亮。红歌浩瀚像海洋。
昔时今日长征路，路有多长歌多长。
一曲高歌东方红，天安门前国旗扬。
红歌重唱金十月，红歌续唱点春光。
红歌演唱新时代，红歌再唱国盛强，
红歌永远唱下去，颂歌曲曲唱太阳。

党的光辉照万代

年逾耄耋不老衰，英姿勃发春常在。
淋风沐雨多蒙难，镰刀铁锤多精彩。

当年神州多苦难，敢有歌吟动地哀。
上下求索主义真，华夏精英曾何在。

曾何在，诚不改，唤起工农势如海。
海啸冲垮旧世界，崭新中国站起来。

历史进入新时代，凯歌嘹亮震天外。
改革开放孕盛世，党是源头活水来。

活水来，有气派，党风清朗民畅快。
辈辈传承道心语，党的光辉照万代。

伟大的航行

镰刀铁锤辟开崭新航线，
南湖的夏风启动一只红船。
穿越时空搏击惊涛骇浪，
历经沧桑融化炮火硝烟。
一路扩编成巨大的船队，
承载红色中国领航向前。
九十年往事浩瀚如烟，
九十年风雨激荡如磐。
你把青春热血挥洒万顷波涛，
你让胜利光荣辉煌万里河山。
党啊，伟大的中国共产党，
情怀不曾变，风采也依然。

船队行进在初级阶段的港湾，
科学发展校正前进的罗盘。
人民紧跟共和国的舵手，

继往开来航线永不离偏。
社会主义到处都在胜利前进，
光荣的党旗正是高举的桅杆。
绵绵的岁月连锁众多的九十年，
众多的九十年激荡风光无限。
你把与时俱进写入新的航程，
你用理想希望装点美好明天。
党啊，伟大的中国共产党，
航程千帆劲，破浪正扬帆。

英雄的井冈山

连绵五百里，
巍然天地间。
罗霄山脉风光秀，
最美当属井冈山。

（一）

井冈山英雄的山，
横亘华夏戍雄关。
默默沉睡千万载，
一朝醒来天下传。
自从毛委员上山来，

山水有幸齐参战。

井冈重写奋斗史，
红色传奇开新篇。
星星之火燎原势，
红旗一举亮了天。

（二）

井冈山英雄的山，
艰苦卓绝数当年。
簌簌金风荡正气，
铮铮铁骨壮山川。
多少先烈洒热血，
遍野怒放红杜鹃。
红色根据地血肉筑，
井冈精神达云天。
黄洋界炮声有回响，
凯歌嘹亮捷报传。

声名扬天下，
革命好家园。
山水相恋知情意，
青春永驻井冈山。

红船颂

七月流火水含烟，红船游弋惊睡莲。
镰刀铁锤开新宇，党旗飘处卷狂澜。
上井冈、下延安，铁流滚滚航路宽。
跟着舵手毛泽东，波涛在后路在前。
南湖的船红色的帆，冲破云雾见晴天。
南湖的船革命的帆，穿过波涛达彼岸。

十月艳阳金灿灿，红船开辟新纪元。
英雄人民划大浆，共产党人引航线。
为百姓坐江山，与时俱进谋发展。
跟着新的领航人，中国一步一重天。
南湖的船理想的帆，科学强国谱新篇。
南湖的船胜利的帆，承载希望永向前。

你好啊井冈山

带着红色的思念，
扑向绿色的莽原。
倾吐心底的呼声，
放纵炽热的情感。
你好啊井冈山，
你好啊井冈山，
你好啊蜿蜒的沟壑，

你好啊高耸的峰峦。
你好啊滴露的翠竹，
你好啊啼血的杜鹃。
一草一木都是血染的风采，
一水一石都有战斗的硝烟。
红色征程从这里开始，
井冈山啊革命的摇篮。

带着红色的眷恋，
离别绿色的故园。
抓把多情的泥土，
珍藏永恒的纪念。
再见井冈山，
再见井冈山，
再见茅坪河的流水，
再见八角楼的灯盏。
再见大小五井的风采，
再见黄洋界的营盘。
一代精英演义的传奇，
自有后来人薪火相传。
井冈山开辟红色的道路，
既往开来延伸到永远、永远。

这里走出新中国

八百里太行山巍峨，翠柏苍郁水清澈。
一个村庄传天下，名字叫做西柏坡。

声声号令军情急，运筹帷幄唱凯歌。
指点江山谈笑间，三大战役大转折。
西柏坡呀西柏坡，山路通向长安街。
历史永远铭记你，这里走出新中国。

戒骄戒躁志高远，艰苦奋斗是本色。
革命圣地人敬仰，鲜红旗帜昭史册。
西柏坡呀西柏坡，优良传统永不灭。
我们永远赞美你，这里走出新中国。

第三卷 检察情怀

春 天春天是一部书，花朵就是书签。数着花朵，读着春天，心情欣然。红花耀眼，橙花斑斓，蓝花冷艳。还有那繁茂的绿草，散发着春天的诗笺。[illegible]

浅绿，雏燕衔新泥。泡泽游蝌蚪，硬枝垂软臂。干地淋湿雨，旷野柳哨急。踏青人行早，传递春消息。咏杏花柳絮吐丝风软刮，乍暖还寒盼杏花。昨夜[illegible]

今日满城绽奇葩。杏花春约白清粉淡红模糊，杏花初放含朝露。春意盎然闹枝头，偷窥香园第一族。乍暖还寒万物复苏枝叶软，飞[illegible]飘倒春寒。阳光[illegible]

更喜绿树披白衫。开江冬已文班春乍来，发动寂江走冰排。先是相拥慢挪步，恍然觉悟急奔海。野趣

天阔鸟拍羽，林茂云可依。小屋藏大雅，深草存野趣。邀朋三四人，把酒抒胸臆。声高风来和，闲聊无主题。夏捕鱼山溪流野趣，闹半[illegible]更急。随意织渔网，[illegible]

大雨初晴狂风卷柳浪，疾雨拍大江。拂开云雾楼，水珠耀斜阳。四年吟碧水青山港蓝天，白云游弋展诗笺。松高柳低错落致，四季多情亦悠然。林下吟绿叶[illegible]

网进阳光拌阴凉。北国盛夏解人意，闲吊藤床浪漫藏。秋日远天转凉，秋光水亮。浩荡松江波，漫泡五花香。

畅想辉煌

我们是人民的检察官，
阳光下的队伍永远向太阳。

走过风雨走过沧桑，
壮志如虹豪情飞扬，
我们是法律忠诚的卫士，
我们的意志百炼成钢。
为了回应公平的呼唤，
为了捍卫正义的主张，
国徽高悬，利剑闪光，
惩恶扬善，势不可挡。

走向未来走向希望，
铁流奔腾气贯长江，
我们是人民骄傲的儿女，
我们的事业灿烂辉煌。
为了守卫幸福的田野，
为了播撒美好的时光，
荡浊扬清，破浪远航，
与时俱进，书展华章。

走过风雨走过沧桑，
铁流奔腾气贯长江，

我们自豪我们骄傲，
我们忠诚我们坚强。
阳光下的队伍永远向太阳，
心中激荡着光荣和梦想，
阳光下的队伍永远向太阳。

人民检察第一门

漫山杜鹃红，大旗迎风摆，
人民检察第一门，向着那太阳开。
开在红土地，开在苏维埃，
开在人民的心坎上，清风入情怀。
红都瑞金奠基业，开篇就精彩。
激荡风云扬清浊，就从这里来。

连着天安门，靠近中南海，
人民检察第一门，重开在新时代。
峥嵘岁月稠，鏖战今犹在，
反腐倡廉创佳绩，脚步从头迈。
检察事业千秋史，续篇更精彩。
公平正义有传承，继往又开来。

浓浓检察情

一杯壮行酒，高举在手中。
一句叮咛话，仍在耳畔鸣。
薪火相传护法人，无怨无悔检察情。
检察情，检察情，检察情怀多凝重。
若问怎报养育恩，你看悠悠寸草生。

今日踏征程，利剑擎手中。
社会唤公正，危难显忠诚。
莫说山高路途远，战士何惧顶风行。
顶风行，顶风行，顶风挡雨保安宁。
若问此生多壮美，你看漫天彩霞红。

前进——中国女检察官

英姿勃发阔步向前，神州奇葩检苑红颜。
护法战场纵横驰骋，正义在手道义在肩。
惩恶扬善劲舞利剑，巾帼豪杰啊胜似儿男。
祖国授予光荣名字：我们—中国女检察官。

侠骨柔肠骄美可赞，清风入怀激情如澜。
守望江天山青水碧，一生奉献苦也甘甜。
宁愿少些花前月下，换来了万家灯火阑珊。
和谐社会庄严呼唤：前进—中国女检察官。

忠诚铸就新辉煌

脱下军装换检装，两套戎装显丽靓。
当年沙场染征尘，今朝检苑书华章。
虽然换岗情未了，忠诚就在哨位上。
好汉干啥就像啥，军人性格强中强！

军徽检徽闪华光，军歌检歌同嘹亮。
历经磨难炼风骨，卫国护法最在行。
公平正义担双肩，壮丽事业域无疆。
祖国强盛民安乐，碧血丹心铸辉煌！

八字原则须记清

身正骨硬听令管用，八字原则掷地有声。
自从佩上那柄神剑，惩恶扬善最倚重。
都说正人先正已，形象端正行得正。
人正才能护公正，公正社会有公平。
护法卫士骨头硬，磐石压顶只手擎。
不忤职责事权贵，危难时刻显忠诚。

检察人员也是兵，纪律严格善服从。
维护宪法和法律，东西南北任驰骋。
来自人民懂民情，伸张正义为民生。
只要人民有需要，奋勇直冲向前行。
身正骨硬听令管用，征途漫漫有雷声，
忠诚敬业鉴肝胆，坚守岗位立新功。

第四卷 青春年华

荒友

举杯高粱烧，翻唱将进酒，
未曾痛饮心已醉，两行热泪流。
捶捶你的肩，握握他的手，
岁月难改老模样，旧梦谁能丢。
这一生的情啊，风雨冲不走，
荒友相见默无语，当年青春曾风流。
这一生的情啊，风雨吹不走，
伴我漫步天地间，滚烫热血写春秋。

拓荒犁铧亮，荒原变绿洲，
大风雪谱写青春曲，一生唱不休。
大锅煮清苦，饭勺匀稀稠，
最盼鸿雁捎书来，喜乐同享受。
这一世的缘啊，永远亲不够，
再喊一声老荒友，祝你幸福到永久。
这一世的缘啊，永远亲不够，
含泪干下这一杯，美好人生重开头。

小河

集体户前有一条小河，
河水深深泛着亮波。

清流滋润着河边的柳林，
还有和柳树相邻的你我。
何需约定诚意的聚合，
收工回来在小河洗濯。
洗去一天天耕耘的风尘，
冲洗一年年人生的蹉跎。
有了小河就有了欢乐，
河边常飘飞动人的情歌。
依偎在柳干上吹起柳哨，
倾诉生活的幸福和苦涩。

不经意间小河水已干涸，
集体户解散今已非昨。
暴风雨送知青天各一方，
重新开始人生的拼搏。
青春不在花期已过，
柳林成荫树影婆娑。
当年的小河只在梦中流淌，
还是那样清澈荡涤细波。
如今回访第二个故乡，
干涸的河水神奇般复活。
吟诵一首奋斗无悔，
引吭一曲青春的歌。

这方土地这方人

我的新朋友，
我的老至亲，
天南地北聚一起，
从此难离分。
我的新荒友，
我的老相邻，
先来后到一个名，
咱叫北大荒人。

北大荒人，北大荒人，
北大荒爱情最纯真。
北大荒人，北大荒人，
北大荒干事最认真，
一旦捧起这方土，
永世难泯垦荒魂。

共和国攒下了大粮囤，
我们传承了好子孙。
献了青春献终身，
献了终身献子孙。
天地验证一句话：
黑土地长出精气神。
人间正道高声喊：
咱是光荣的北大荒人！

情系北大荒

借一季绿风铺开漫天麦浪，
借一袭秋色涂染遍地金黄。
借一缕乡恋惹动似海情思，
借一腔热血澎湃青春力量。
北大荒，魂牵梦绕的北大荒，
今天又回到了你的身旁。
喊一声时光能倒转，
唱一曲热泪流双行。
穿梭白桦林，青春曾流浪；
眺望大莽原，还我少年狂。
这里有开拓者溶入血液的爱恋，
这里有几代人尽情挥洒的热望。

借一轮圆月引领满天星光，
借一抹红霞拥抱初升的太阳。
借一路春风相伴前进的脚步，
借一片树叶书写壮美的诗行。
北大荒，刻骨铭心的北大荒，
天天驻守在我的梦乡。
喊一声心胸宽又广，
唱一曲情深意又长。
漫步黑土地，理想正闪亮；
生活真美好，明朝更辉煌。
这里有后来人如痴如狂的追随，
这里有天地间光芒万丈的太阳。

北大荒之恋

热血为你贲张，喜泪为你夺眶。
汗水为你流淌，豪情为你飞扬。
油汪汪的黑土地，莽苍苍的北大荒。
一头扑进你怀抱，手抓泥土不肯放。
挺进北大荒，那时多荒凉。
饭锅候山鸡，篝火退野狼。
艰苦生活有滋味，头顶星月心敞亮。
创业创出真情意，一生交给北大荒。

蓝图为你描绘，理想为你启航。
阳光为你灿烂，生命为你放光。
情浓浓的黑土地，热辣辣的北大荒。
如火年华你塑造，亲亲喊你一声娘。
放眼北大荒，满眼见辉煌。
几代垦荒人，后浪推前浪。
你的面貌新又老，你的历史短又长。
梦牵魂绕皈依处，生命永系北大荒。

白桦林

高山上飘荡着一片祥云，
那是莽莽苍苍的白桦林。
巍然守护着蓝天碧野，

精细裁开了天地之分。
白桦林珍藏过沸腾的生活，
白桦林展示着奋斗的足印。
白桦林是一本立体的画册，
白桦林记载着曾经的打拼。

有一天我从白桦林走出，
在高楼大厦中失去重心。
呼唤着白桦林从梦中醒来，
回归对这方土的一往情深。
白桦林经历了流浪的命运，
白桦林擦去了伤痛的泪痕。
白桦林竖起了生活的风帆，
白桦林验证了如火的青春。

我的欢笑我的清纯，
我的眼泪我的童贞。
你看清澈的小河流水，
你问茂密的白桦丛林。
我心中永远的白桦林。
我们的情感我的乡音，
我们的幸福我的幸运。
你看山间的小河流水，
你问路边的白桦丛林。
我心中永远的白桦林。

林中男子汉

茂密大森林，满目白绿黄。
枫桦青松伴硬杂，秋高挺脊梁。
护守原生态，坚韧做屏障。

雨雪风霜炼精彩，一切敢担当。
天生男儿性，骨中有阳刚。
讴歌一曲唱森林，情浓意深长。

堂堂七尺男，与树一模样。
要和大树比个性，危难更显强。
天塌能擎起，地陷只身挡。
纵有千难与万险，趁心敢担当。
大树与男儿，一身风骨壮。
今生来世走一遭，无意把名扬。

黑土情

第一缕情思留给了你，
似火的青春献给了你。
头顶银发又扑向了你，
南腔北调呼唤着你。
多情的北大荒哟，
神奇的黑土地，
历经风雨，几多磨砺。
岁月沧桑往事如烟，

演绎了多少人生传奇。
攥一把黑土还是兄弟，
黑土情相连，生死也相依。

看不够熟透的五花山，
淋不够久违的及时雨。
稻浪涌动大漠深情，
金豆摇醒青春记忆。
多情的北大荒哟，
神奇的黑土地，
壮志热血，感天动地。
谱写了多少人生赞歌，
珍藏了几多青春的足迹。
我们曾经奉献了一切，
还是自责愧对了你。

你教我们挑战苦难，
你激励我们乘势奋起。
你把我们冶炼成钢铁，
放在哪里都是一身硬气。
多情的北大荒哟，
神奇的黑土地，
情也依依，梦也依依。
我们是你忠诚的儿女，
你是我们永生的唯一。
无论曾经走了多远，
一生一世皈依了你。

知青家园

给流浪的青春搭建一个驿站，
为峥嵘的岁月复制曾经的昨天，
如火的激情还在熊熊燃烧，
这就是我们贴心的知青家园。
绿树还是那样的葱绿，
蓝天还是那样的湛蓝，
我们还是当年的我们，
眷恋还是当年的眷恋。
黑土地承接炙热的情感，
白桦林坚挺执着的信念，
喊一声荒友扯动万种情思，
看稻麦涌浪、红花满山。

给艰苦的奋斗画上一个圆圈，
为无悔的选择展现瑰丽的明天，
南腔北调倾吐青春叙事，
广袤沃野铺开壮丽的诗篇。
上山下乡就是一座熔炉，
钢铁意志曾在炉中冶炼。
北大荒塑造了多彩的人生，
走到哪里都像大树擎天。
存活那一代特别的记忆，
定格百万人流泪的笑颜。
我们永远是共和国的栋梁，
看山青水碧、红旗更艳。

知青风流

青春年少谁没风流过？
当年咱们也是棒小伙！
大有作为在广阔天地，
汗水泪水常融合。
开荒拉犁肩血浸绳索，
奋斗的烙印那里已铭刻。
趟雪踩格子踩出人生路，
每一个足迹都坚定执着。
北大荒锁定真诚的爱，
我们此生也难割舍。
浪迹天涯鹏程万里，
耳畔常响起知青风流歌。

青春年少谁没风流过？
黄花女儿如今熬成婆！
大有作为在白山黑水，
理想梦想常聚合。
小河流水洗去征尘，
青春如水一样逐逝波。
田间地头唱起样板戏，
字正腔圆道出人品格。
北大荒珍惜初始的情，
厚重深沉此生难消磨。
人生闯荡天南地北，
常忆常新这沸腾生活。

人生当年谁没风流过？
夕阳晚照到处有欢乐。
北大荒给了我们一生的荣耀，
今生今世情感有依托。
呼唤当年的少男少女，
脚踏黑土地重把拳头握！
再唱一曲青春无悔，
再诵一首朝气蓬勃。
端起北大荒醇香的酒，
醉了一生也不肯解脱。
人生前程总有万木春，
你看江河正有千帆过。

村头

村口的槐树吊口大钟，
那是当年青春的证明。
每天奋斗在广阔天地，
钟声悠扬催促出工。

那一年上学离乡返城，
难忘乡亲树下送行。

敲钟问响盼我回归，
含泪干下满满的一盅。

一句承诺搁浅了数载，
连续打拼荒芜了旧情。
第二个故乡的山山水水，
常在梦中把心搅痛。

今天又回到大槐树下，
重新寻找拥有的曾经。
敲钟集合新朋旧友，
联手打造山村的繁荣。

生活的大树依然常青，
重新与明天签个约定。
为贫困击打送别的暮鼓，
为富裕撞响希望的晨钟。

啊，我的山村我的爱，
啊，我的大树我的情。
啊，我的青春我的钟，
啊，我的乡恋我的梦。

第五卷　黑土情深

春　天春天是一部书，花朵就是书签。数着花朵，读着春天，心情欣然。红花耀眼，橙花斑斓，蓝花冷艳，还有那繁茂的绿草，散发着春天的诗笺。春[illegible]浅绿，雏燕衔新泥。泡泽游蝌蚪，硬枝垂软臂。干地淋湿雨，旷野柳梢急。踏青人行早，传递春消息。咏杏花柳絮吐丝风软刮，乍暖还寒盼杏花。昨夜雨[illegible]三五丈[illegible]今日满城绽奇葩。杏花春约白清粉淡红模糊，杏花初放含朝露。春意盎然闹枝头，偷窥香园第一族。乍暖还寒万物复苏枝叶软，飞雪又飘倒春寒。阳光[illegible]冷气[illegible]更喜绿树披白衫。开江冬已交班春乍来，发动寂江走冰排。先是相拥慢挪步，恍然觉悟急奔海。野趣天阔鸟拍羽，林茂云可依。小屋藏大雅，深草存野憩。邀朋三四人，把酒抒胸臆，声高风来和，闲聊无主题。夏捕鱼山溪流野趣，闸半水更急。随意撒潜网，无鱼心也愉。大雨初晴狂风卷柳浪，疾雨拍大江。挣开云雾幔，水珠孵斜阳。四年吟碧水青山，湛蓝天，白云游弋展诗笺。松高柳低错落致，四年多情亦悠然。林下吟绿叶交叠织筛网，网进阳光拌阴凉。北国盛夏解人意，闲吊藤床浪漫藏。秋日远天转凉，秋光[illegible]水亮。浩荡松江波，浸泡五花香。

三江明珠北国雪

三江明珠北国雪，飞扬就感动世界。
晶莹的片片雪花，打扮了东方原野。
三江明珠北国雪，飞扬就感动世界，
晶莹的片片雪花，让处处冰清玉洁。

天上发来了请帖，同赴北国之约。
在瑞雪飞扬的季节，铺开三江沃野。
邀来四海宾朋，聚会冰雪世界。
在太阳升起的地方，拥抱东极的热烈。

三江明珠北国雪，端杯就不怕酒烈。
陶醉的更加陶醉，喜悦的更加喜悦。
三江明珠北国雪，欢聚就不愿告别。
亲切的更加亲切，和谐的更加和谐。

三江情

好山好水好地方，天造地设甲天堂。
有幸承接三江聚，聚来三江闹天堂。

江头春花红烂漫，江边柳丝情意长。
江上鱼儿冲大浪，江畔五谷飘淡香。

神奇三江多情人，人与三江相依傍。

三江无人少精神，人离三江早枯黄。

有志不负天堂美，双手再造美天堂。
江水奔腾情未了，永续不断好时光。

三江行

漫步大森林，走进大氧仓，
草木感知春来早，盛开达子香。

初游大湿地，倾听蛙鼓响，
柠檬月色笼四野，夏夜好清爽。

多情黑土地，处处创辉煌。
放眼三江赞四季，美名永传扬。

万里田畴阔，风吹稻谷黄，
斜阳辉映五花山，秋景更豪放。

冰封大界江，遂愿雪飞扬，
东极率先迎日出，冰雪孕春光。

多情黑土地，处处展辉煌。
放眼三江赞四季，美名永传扬。

黑龙江·美天鹅

山水有情手牵手，
绣出一只美天鹅，
黑龙江风光多神奇，
东极北极声名赫。
油田湿地大粮仓，
森林草原大江河，
美不胜收大冰雪，
北国冬天也狂热。

黑土地长出倔性格，
北大荒奏响正气歌。
为国奠基担重任，
黑龙江人是楷模。
地大物博人豪迈，
东北风刮来带着火。
号角吹响振兴曲，
建设美好新生活。

美丽的乡城

黑土地绽放漂亮的花容，
平川上展现靓丽的风景。

是谁挥舞点金的神笔，
遂愿复制出期盼的美梦。
说是都市却有良田簇拥，
说是乡村却有耀眼霓虹。
熟悉的家园怎样变得陌生，
陌生的楼群还有乡音叮咛。
富裕淡化了城乡痕迹，
祥和浓重了大漠风情。
耕耘在广袤的田野上，
居住在现代化的城市中。

北大荒绽放娇妍的新容，
沃野里闪现劳动的身影。
难分得姓工还是姓农，
工农都是骄傲的名称。
辛勤播下希望的良种，
收获的是那新生活的图腾。
拓荒者曾是昨日的星辰，
传承人又是骄傲的精英。
有幸生活在火热的年代，
步步靠近幸福的憧憬。
大地隆起一座座新苑，
天空升腾灿烂的繁星。

冰雪情

季节换上了新装，瑞雪送来了吉祥。
有缘相聚在东极，真情伴着雪飞扬。
扬出七彩好日子，泼出天地喜洋洋。
冰雪有情人心暖，梦想辉映北大仓。

严寒锁不住欢笑，冰雪冻不住渴望。
四海宾朋踏雪来，千里雪乡放声唱。
唱出幸福好光景，唱出春来五谷香。
冰雪为媒喜牵手，豪情满怀奔前方。

假日松花江

撑起太阳伞，盛开花一团。
十里江岸十里歌，北国风光胜江南。
姑娘嬉水湾，小伙晒银滩。
欢歌笑语林荫路，快乐潇洒人似仙。
江美人美情更美，和谐吉祥新画卷。
北国明珠添锦绣，幸福生活更灿烂。

盛夏多美好，游人喜流连。
一江碧波一江情，水鸟随风舞翩跹。
弄潮驾舢板，篝火伴炊烟。
莫道日落夕阳晚，明朝又是艳阳天。

嫩江之恋

莽莽群山翠，滔滔嫩江长，
百转千回壮奇观，东水西流淌。
蓝天眷黑土，风吹草木香，
一方水土一方人，人江皆坦荡。
先民闯关东，驿站烤干粮，
荣军铸就垦荒魂，知青紧跟上。
几代开拓者，血汗洒大江，
打造一方福祉地，中华大粮仓。
江水洗征尘，江水润梦想，
更有江畔迎朝阳，好汉在嫩江。
无论居何地，不分幼和长，
一旦掬捧嫩江水，爱的就发狂。
古道邀新友，有情聚嫩江，
南腔北调同祝愿，嫩江更辉煌。

嫩江抒怀

多么美丽的名字——嫩江，
衰老不能和你接壤。
多么神奇的名字——嫩江，
东水西流日夜浩荡。
老驿站的马帮在你身旁行进，
传承了归去来兮古道热肠。
淘金者的团队驻扎在你脚下，
淘尽了雨雪风霜世事沧桑。

嫩江依然这样地流，
江水还是这样地淌……

终于有一天，古老和现代碰撞，
碰撞出精神抖擞、血气方刚。
古道热肠征服了南来北往，
淘金者幸运地淘到了宝藏。
垦荒就垦出个良田万里，
开拓就开出个中国百强。
金风把嫩江送上了金榜，
豆铃撞出了天下闻名的大豆之乡。
广袤沃野苏醒了腾飞的梦想，
嫩江流水抚育出鲜活的小康。

集合起浪迹天涯的四方游子，
凝聚成改天换地的强大力量。
建设我们美好的家园，
打造一方幸福的天堂。
啊，嫩江—嫩江人的母亲河；
嫩江人—嫩江的好儿郎。
嫩江，你充满神奇，充满热望；
嫩江，你青春永驻，蓬勃向上。
放纵奔腾吧，在希望的田野中；
尽情流淌吧，在我们的血液里、心坎上。

回故乡

摘朵野蔷薇插在头上，
扭动腰身装扮成新娘。
妻子笑我像个老顽童，
女儿怪我越老越颠狂。
索性在草地上打个滚，
追逐童年的旧模样儿。
回到阔别多年的故园，
依稀还是梦中的景象。
那潺潺的清澈小溪水，
那高高的挺拔钻天杨。
无论我们走出了多远，
总是离不开你的身旁。

寻一块白桦皮轻轻铺展，
包裹曾经滴血的创伤。
故乡哟，我回来了！
原生态藏不住繁荣兴旺。
我毕竟还有一副亮嗓，
岁月锤炼出旋律铿锵。
用激情拨响希望的琴弦，
我引领山水放声歌唱：
歌唱一轮红日从东方升起，

歌唱草木肥美养壮了牛羊，
歌唱古老和现代化联手，
歌唱昨天奋斗，今天打拼，
明天辉煌……

歌唱建三江

天造地设好地方，
汇集流水达三江。
建三江人最坦荡，
趟着大烟炮，
铁铧犁春光。
血汗滴滴洒莽原，
茁壮青纱赶荒凉。
建三江人重信义，
一声承诺敢担当。
共和国要粮咱奉献，
建成了中华大粮仓。
天下知道咱建三江，
世界佩服咱北大荒。

岁月如歌年年歌，
大荒小曲天天唱。
建三江人最时尚，

笑观大潮涨，
弄潮好儿郎。
住在繁华闹市里，
耕耘广袤原野上。
建三江人喜张扬，
天地间展现新形象。
骑着摩托领日月，
驾驶收割机去远航。
万里春光任剪裁，
牵手三江一起奔小康。

进军号角又吹响，
时代呼唤建三江。
建三江人最豪放，
扮亮黑土地，
热血更贲张。
建三江人有灵气，
科技支撑梦飞翔。
生正逢时创大业，
三江秀美赛天堂。
爱情事业同生长，
富强幸福共辉煌。
北大荒名声传天下，
建三江永远向太阳。

歌唱抚远

高天阔地宽大江，湖泡连环水浩荡。
草木葱茏山峭美，东极神韵我家乡。

我的家乡好地方，山水领先迎朝阳。
清水蓝天互应和，群山旭日同辉煌。

我的家乡好地方，人江相依共成长。
多少神话成现实，大江抒情人欢畅。

我的家乡好地方，江山多情人豪放。
相约双江手牵手，一路奔腾向海洋。

高天阔地宽大江，物华天宝人兴旺。
驾船重唱新渔歌，幸福美景万年长。

三江秋色

金风欣然传情报，秋熟了，秋熟了。
五花山亮出秋名片，大麻哈报告鱼汛到。
野鸭子集结远征队，牛羊禽增膘恋水草。
真是天凉好个秋，今日逢秋不寂寥。
东极三江秋光美，秋景宜人胜春潮。

金风多情传捷报，秋收了，秋收了。
待嫁的高粱羞红脸，性急的稻谷垂下了腰。

麦粒刚进大粮仓，黄豆借风把铃摇。
喜气缠绕农家院，大喇叭吹起秧歌调。
风调雨顺遂人愿，家家户户乐陶陶。
这山这水这胜景，这秋这人这欢笑。
天地人和谱新曲，三江秋光胜春潮。

放歌大三江

乌苏里江松花江黑龙江，
三江牵手在东方。
雄鸡高歌江山红遍，
白雪白黑土黑是故乡。
有情浪打浪男儿胸坦荡，
有爱唱啊唱女儿更漂亮。
三江我的母亲河，
梦里想血里流心里淌。

大豆黄高粱红稻谷香，
“三花”“五罗”闹同江。
赫哲渔歌传诵八方，
绿草绿清水清是故乡。
撒下了汗水滴滴是希望，
撒下了大网网住了小康。
三江奔腾向大海，
好日子好时光万年长。

大东北

大喇叭吹起来心发痒，
看一看大东北，今天啥模样？
茂密的大森林，富饶的煤油矿，
地上地下全是宝，江河连海港。
冰雪焐熟了红高粱，
稻麦撑饱了大粮仓。
共和国骄傲有长子，
关东沃野处处赛天堂。

大秧歌扭起来脸发烫，
问一问大东北，咋个好地方？
山青财运旺，水秀人漂亮，
冰雪铸造关东情，打造新时尚。
黑土地今天长志气，
好日子就象拌了糖。
东北人生来脾气犟，
瞅准前程步步撵太阳。

副歌：
神奇的大东北，咱的好家乡。
白山黑水情意浓，借风喜张扬。
几多风韵、几多风采、几多风光，
几多风韵、几多风采、几多风光。

连环湖

连环湖、湖连环，粼粼碧波荡草原。
无边绿海掩瑰宝，地下千米藏温泉。
草木葱茏牛羊肥，湖水清莹鱼虾鲜。
升腾热气暖冰雪，朝霞落日映紫烟。
天南地北访胜地，神奇美景在这边。

连环湖、湖连环，串串珍珠撒草原。
碧湖孵出甜美的梦，情景相宜人胜仙。
斟满一杯醇香的酒，新朋老友手相牵。
咱们与温泉有约定，咱们向草原发誓言。
今天的生活真美好，更美的日子是明天。

平常日子有滋味

八月十五云遮月，正月十五雪打灯。
一年四季接龙走，天天都是好光景。
春风吹来忙播种，夏雨润地急响应。
秋歌唱出丰收调，冰雪打造关东情。
自然万态顺天道，天道酬勤理最通。

平常的日子平常过，平常的生活好淡定。
一天柴米油盐事，不奢不华孕真情。
泡茶泡开了话匣子，逗趣讲个段子听。
插队扭起大秧歌，边唱边舞最尽兴。
和谐社会家家乐，国兴家旺人安平。

白桦

白桦是一个青年人的姓名，
他有树干般挺拔的腰身。
春夏秋冬守望着大山，
崇高的职责是护卫森林。
大山的向阳地有片树丛，
白桦树就是这里的主宾。
人树之间有同样的名字，
分明属于天定的缘分。

白桦每天巡察白桦林，
树木的眼睛也能传神。
他读出了山林的喜怒哀乐，
他感受到林山特有的风韵。
人看到了林木茂盛，
树看到了人间亲情。
人把雨雪装在心底，
树把风霜刻进年轮。

人树之间有个约定，
白桦白桦永不离分。
人为树木放哨站岗，
树为人类遮挡沙尘。
啊，通灵的白桦树！
啊，光荣的白桦人！

 冰雪进行曲

支架火锅把寒冷的冬天煮热，
挥舞银铲把凝固的冰雪激活。
扭起秧歌为单调的季节增色，
邀来宾朋把洋溢的喜气撒泼。
我们起舞，我们踏歌，
我们送别繁星颗颗；
我们踏歌，我们起舞，
我们共迎红日喷薄。
多么好哇，北国的冰雪，
带给大地无尽的狂热。
多么好哇，幸福的生活，
你扩张我们特别的欢乐。

满树梨花为冰雪时令祝贺，
朔风吹哨为北方佳节巡逻。
烧壶老酒为流火的喉咙加温，
飘溢醇香向天南地北放射。
我们举杯，我们豪饮，
我们感奋沸腾的生活；
我们豪饮，我们举杯，
我们唱响冰雪的赞歌。
多么好哇，北国的冰雪，
你是上苍布撒的恩泽。
多么好哇，美好的时节，
我们把一轮红日迎进祖国。

抚远印象

得天独厚居东方，率先为国迎朝阳。
乌苏里挽着黑龙臂，黑瞎岛重镶鸡冠上。
神奇土地叫抚远，抚育幸福远流长。
一条界江真开阔，一处江山多辉煌。

早春杏花水清莹，晚秋五花山怒放。
麦海泛金稻卷浪，四季飘荡瓜果香。
人走时气兆鸿运，鱼知感恩撞大网。
抚远哪来这灵气，全凭流水达三江。

才送巨龙闯北国，又乘神鹰翔南疆。
东极连接那个全世界，抚远名声正远航。
朋友请到这里来，这里天高地也广。
要问抚远啥模样，追踪三江向海洋。

三江月

浅云游荡簇冰轮，
朦胧月色最撩人。
乘月泛舟随波走，
江风助酒论古今。
看不够啊柳林隐退黛山远，
鱼儿跃蛙儿鸣灯火近。
最喜岸边欢欢乐乐踏歌处，

那是咱富裕的新渔村。

双桨划出万道痕，
船行波动似我心。
月照三江江如练，
江映圆月月清纯。
饮不尽那江月辉煌美如酒，
夜色里真想她想亲人。
竹笛一曲悠悠扬扬遥相祝，
醉了咱幸福的赏月人。

山青水亮好风光

青黑山山儿青，亮子河河水亮，
青山亮水互添彩，过目永不忘。
青黑山山儿青，亮子河河水亮。
青山亮水惹人醉，真是好地方。
好大的大森林，天然的大氧仓。
晨风带雨浸心肺，晚风轻吹扬松香。

朝霞里捧希望，月色中蕴梦想。
诗情画意引衷肠，感叹好风光。
朝霞里捧希望，月色中蕴梦想。
山美水美人更美，这里赛天堂。
世间美景天生成，引领北国新时尚。
新朋老友喜流连，三色旅游四季旺。

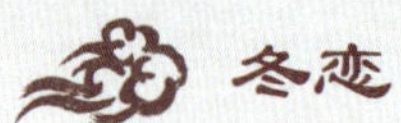

冬恋

携带春夏秋的积攒，
激活日月星的沉淀。
季节张开热情的双手，
欣然收获了多雪冬天。
北风冻厚了北方的底气，
严寒藏不住南国的艳美。
五湖四海集结这里，
一览自然天生的浩瀚。

欢乐的节日冰雪妆扮，
沸腾了冬眠的江河山川。
飘飘洒洒的天上来客，
那是宾朋祈福的订单。
到处是银色迷人的风光，
到处有彩色的虹霓火焰。
牵手冰雪笑语欢歌，
亲密冰雪抒情礼赞。

我们眷恋这迷人的冰峰，
我们爱恋这醉人的雪峦。
大自然千姿百态，
冰雪领军光彩无限。

第六卷 行业集锦

花样国税人

风华正茂情意真，踏雪追春国税人。
培育税源兴百业，播种栽花长风韵。
花盛要靠水滋养，业旺全赖人帮衬。
国税人最知咋比拼，撒尽汗水布甘霖。

英姿飒爽抖精神，徜徉风雨国税人。
花期常有灾害袭，保苗护花鉴冰心。
冷剑斩断折花手，热浪抗击霜雪侵。
枝繁叶茂称心事，万紫千红总是春。

绿树常青壮花运，耕耘希望国税人。
带露赏花聚光彩，取之于民为了民。
业绩花开两相和，朝阳东升日日新。
如花事业正年轻，一样年轻国税人！

青春飞扬

豪情激荡，青春飞扬。
有志青年，在水一方。
刻苦钻研，知识增长。
勇于实践，技艺高强。
攻坚克难，百炼成钢。
放飞一代人金色的希望。

不同家境，同样渴望。

不同学业，同样梦想。
探求未来，改变命运。
回报社会，无尚荣光。
今天我们是莘莘学子，
明天成长为国家栋梁。

副歌：
职教集团敞开火热的胸膛，
明亮教室是开启梦想的地方。
感谢可爱的母校、敬爱的师长，
我们携手破浪远航创造辉煌。

远东之歌

朝霞万里，旭日当空。
改革开放，运生远东。
几番洗礼，几度征程。
赫然腾跃，企业新星。

远东远东，团队姓名。
聚合华夏，有志精英。
选择远东，选择无悔。
远东选择，博爱忠诚。

远东远东，信誉至圣。
优质高效，企业魂灵。
宁愿自己多洒汗水，
换取万户舒心笑容。

远东远东，宽广心胸。
千锤百炼，世纪巨星。
与时俱进，再展宏图。
拼搏向上，护卫成功。

走向未来

我们依然是祖国花朵，
虽然风雨淡化了青涩。
我们依然保留着童贞，
虽然岁月粗壮了骨骼。
中学时代，金色的年华，
学业数年，把利刃研磨。
追踪人间无瑕的真情，
最纯还是同窗一脉。
采撷世间靓丽的风景，
最美还是教室的灯火。
啊，可爱的校园—梦想的摇篮；
啊，敬爱的老师—人生的楷模。
放飞了我们彩虹般的理想，
莘莘学子深情诉说……

我们曾经彻夜攻读，
送别残月，迎来曙色。
我们曾经探求未来，

书山学海，寻路踏波。
鹰击长空，从这里展翅，
闯荡世界，谢天地辽阔。
驰骋疆场，各领风骚，
建功立业，大风高歌。
学友从此天南地北，
怎能忘怀昔日的聚合。
啊，告别了母校，背负起希望；
啊，再见了老师，牢记住嘱托。
燃烧着我们青春的激情，
永远争当人生的强者！

五峰歌

（一）

生正逢时交好运，辽西凝聚精气神。
艰苦创业数十载，五峰声名惊北镇。
诚信是本勤为根，百姓口碑胜金银。
幽州演义新传奇，一路打拼步步顺。

（二）

致富怎忘报国恩，开拓多营又一轮。
稻菽飘香麦涌浪，江南塞北遍佳音。
打造中粮第一企，果实满仓情满囤。
道出天地风雨情，五峰前进我前进。

电机进行曲

松江之滨群英汇集，
厂徽闪亮佳木斯电机。
不甘沉沦奋然崛起，
享誉国内外筑牢了根基。
道道工序认真严细，
台台产品锁定荣誉。
这是电机人鲜明的个性，
做大做强，一次次冲击。

光荣地进行市场巡礼，
过硬的产品上天入地；
骄傲地唱响心中的恋曲，
创造出几多中国第一。
科技支撑，创新扛旗，
展示电机人宏大的期许。
电机行业靠我们创造辉煌，
机电一体由我们展现美丽

啊，佳木斯电机—我们共同的名字，
啊，佳木斯电机—我们打拼的履历。
让电机承载几代人的光荣和渴望，
放飞理想徜徉新世纪的风雨。

电业员工之歌

毛主席当年夸奖咱，
国民经济先行官。
如今风雨几十载，
电力红旗更鲜艳。
火水风核光齐动员，
物遂人愿多发电。
朝阳映照座座铁塔，
彩霞擦亮根根银线。
祖国建设需要光和热，
是咱提供动力源！

光荣永远属于咱，
壮志凌云敢登攀。
弧光闪烁见证了奉献，
光海灯山展现出笑颜。
只要祖国一声呼唤，
保质保量保安全。
带给神州一片光明，
无穷的力量激荡胸间。
电网融入智能化，
明天的灯火更灿烂。

民政人有菩萨心

谁的工作最较真，一丝不苟民政人。
日夜操劳广行善，躬身勤政献温馨。
嘘寒问暖访疾苦，排忧解难情意深。
老弱病残有依靠，鳏寡孤独享天伦。
安置荣转好兄弟，社会福利均富贫。
桩桩件件寻常事，捧出一颗菩萨心。

谁的感情最纯真，大爱无疆民政人。
党心民心聚一起，笑洒热汗布甘霖。
十三亿人百家姓，姓啥都是咱亲人。
件件善事象春雨，点点滴滴化党恩。
和谐社会人博爱，默默奉献鉴真情。
祖国大地百花开，咱留下一片绿树荫。

民政人，光荣的人，事业崇高主义真。
大仁大爱立下党的根，无怨无悔献出公仆身。
奉献一生光和热，永葆祖国万年春。

移动之声

数字编码编出旋律，电波承载心语。
移动之声传遍天下，演奏温馨的恋曲。
机房连接连接四海，铁塔高举手臂。
信号随愿穿越时空，移动世界无盲区。
赤橙黄绿青蓝紫，绘制彩卷多绚丽。
移动人情感不移动，想的爱的就是你。
赤橙黄绿青蓝紫，绘制彩卷多绚丽。
我的机台我的岗位，尺半荧屏大天地。

光电转换转换神奇，语音表达情义。
追求卓越高尚品格，责任依托着实力。
不觉工作清苦，每天都有欣喜。
送走晓月迎接日出，辛劳冲不走乐趣。
光荣的移动员工，扛起现代通信大旗。
平凡中孕育伟大，创造出中国第一。
光荣的移动员工，扛起现代通信大旗。
跨越永不会止步，把初升的太阳托起。

黑龙江大学校歌

宝塔山下星星火，燃烧白山黑水间。
一代宗师率弟子，天鹅项下建家园。
浴风沐雨几十载，春华秋实厚重添。
桃李芬芳满天下，校徽闪亮校旗艳。
啊，黑龙江大学，抗大一脉战犹酣！
啊，黑龙江大学，学子心中好延安！
承载光荣和梦想，学林骄子名赫然。

沙蔓杨柳吐新绿，书声清朗晓月残。
胸怀壮志苦攻读，书海弄潮竞扬帆。
博学慎思择良训，参天尽物薪火传，
文理兼容阔疆域，比翼齐飞翔蓝天。
啊，黑龙江大学，青春飞扬的港湾！
啊，黑龙江大学，成功人生的驿站！
松江波涌黑大情，母校永远是春天。

挺拔的云杉

——牡丹江大学校歌

阳光地带栽种一片云杉，
牡丹江畔崛起一座校园。
云杉临风展示盎然生机，
校园沐雨呈现娇美容颜。
牡丹江大学，梦想开启的地方；

牡丹江大学，青春飞扬的驿站。
张扬一面火红的旗帜，
组成一道靓丽的景观。

阳光普照云杉挺拔向上，
得道多助校园拓展空间。
十年树木激励百年树人，
相依相伴走过而立之年！
学校和云杉热情依恋，
抗风顶雨风采依然。
开通了有志者的书山学海，
师生寻路长幼并肩行船。

云杉见证校园的峥嵘岁月，
校园培育出云杉的粗犷枝干。
云杉感召求知的莘莘学子，
校园集合着对理想的期盼。
做精做强创出特色品牌，
学以致用任凭未来检验。
云杉成材支撑起高楼伟厦，
校园有情打造出知名的营盘。

啊，牡丹江大学，我们永远的眷恋！
啊，牡丹江大学，书写崭新的诗篇！
母校生长着光荣和自豪，
抖擞精神拥抱灿烂的明天。

白衣战士之歌

我们就像神话中的天使，
虽然没有腾飞的翅膀，
依然舒展炽热的情怀，
同样燃烧青春的渴望。
祥云一朵缝制美丽的工装，
冰心一片清洁永恒的善良。
祛病除痛，救死扶伤，
精湛的技艺护卫健康。
寂静的诊室滋生关爱，
冰冷的器械传递热望。
啊，我们是光荣的白衣战士，
使命神圣，工作荣光。
啊，我们是光荣的白衣天使，
甘于奉献，大爱无疆。

我们都是现实中的天使，
科技插上腾飞的翅膀，
兢兢业业，德技双馨，
平凡蕴藏成功的梦想。
重复演义生命的轮回，
总能让绝望让位于希望。
呵护生命，维系健康，
康复的微笑是最高褒奖。
人类社会景观靓丽，

医疗卫生谱写华章。
啊，我们是光荣的白衣战士，
事业壮丽，青春闪光，
啊，我们是光荣的白衣天使，
人生精彩，灿烂辉煌。

烈火浴铁军

——消防战士之歌

风雨沥肝胆，烈火炼丹心，
我们是勇敢的消防铁军。
哪里有险情，哪里有我们，
战士就是保护神。
热血浇灌祥和花朵，
生命铸就时代风韵。
消防官兵赴汤蹈火，
鲜红的旗帜不染尘。

双肩担责任，战火化忠魂，
我们是勇敢的消防铁军。
人民养育咱，咱就卫人民，
花样年华不沉沦。
忠诚捍卫清风丽日，
理想交付蓝天白云。
消防官兵奋勇前进，
甘为平安献终身。

别样的风采

（一）

我们的工作平凡不平淡，
和平的年代也有硝烟。
特殊岗位，特别园丁，
双肩担负一座大山。
为了呼唤泯灭的良知，
为了滋润干涸的心田，
任凭大墙掩藏了风采，
日复一日，年复一年。
重复的节奏诠释四季变换，
平静的目光透射激情如澜。
心中盛开鲜花朵朵，
红霞像彩锦，春光正盎然。

（二）

也曾留恋醉人的春晚，
也曾歌唱花好月圆。
社会祥和，美好祝愿，
尽职尽责，锁定平安。
为了校正人生的方位，
为了擎起美好的蓝天。
心中激荡四海风云，

峥嵘岁月，无私奉献。
忠诚的意志表达了炽热的情感，
金盾闪光彰显法律尊严。
耳畔回荡誓言铮铮，
前程更美好，明天更灿烂。

组工之歌

风正气爽优化了环境，公平开放聚合起精英。
哪里的事业蒸蒸日上，哪里必有优秀的组工。

不曾谋面亲如弟兄，不曾划价一诺千金。
优秀人才居于重岗，历史检验立党为公。

光荣的职责光荣的团队，已经证明继续证明。
镰刀斧头图画最美，党旗飘扬漫卷长风。

打造平台有序竞争，头雁高飞事业传承。
哪里的政坛清净似水，哪里就有忠诚的哨兵！

久磨之刃顺利脱颖，幼小的树苗长成梁栋。
撑起共和国擎天大厦，组工基石永不失衡。

光荣的职责宽广的心胸，平凡的工作神圣的使命。
担起历史赋予的重任，国旗飘扬永远鲜红。

光荣的事业幸福的人

为城市裁缝条条彩裙，给大地播种道道绿荫。
装点家园花团锦簇，三江明珠迷人风韵。
迎着朝阳布洒晨露，沐浴晚霞修形整坪。
喜看乔灌草枝繁叶茂，骄傲和自豪激荡胸襟。

为人们开辟悦目的花圃，
给生活带来赏心的缤纷。
守卫生态的天然屏障，不拒劳累、永续耕耘。
万紫伴随热望成长，千红追踪春光日新。
汗水和希望交换绿色，劳动把奉献刻进年轮。

啊，前进，前进，我们是辛勤的园丁；
啊，前进，前进，我们是幸福的一群。

文广新人唱新歌

文化广电和新闻，说着响来念着亲。
如今整合成一家，优势互补真带劲。
新的天地新气象，新的岗位新的人。
咱有一派新作为，服务社会出精品。

战鼓催征声声紧，改革开放日日新。
社会发展桩桩事，交给咱们去写真。
兄弟姐妹较上劲，各领风骚大比拼。
前程远大手牵手，万紫千红总是春。

巡航

蓝色的天空绿色的风，飞翔的江鸥伴我出征。
巡航在东极界江上，白云擦亮闪闪红星。

八一军旗漫卷长风，浩瀚的江水为我证明。
迎风战雨搏击江浪，身后激荡万种风情。

祖国把安全交给我们，钢枪就是警惕的眼睛。
舰队劈开波涛万倾，千里江岸书写忠诚。

家乡的青山随我值班，心中的姑娘催我立功。
祖国安宁神州祥和，年轻的水兵无尚光荣。

绿色抒情
——环保人的歌

（一）

心中萦绕多彩的美梦，
合龙地球村坚固的屏风。
环保卫士情怀别致，
梦想也要郁郁葱葱。
勇敢探测陆海空三域，
做好大千世界漂移的环评。
阻断污染源渗透的渠道，
维系人类家园的生态文明。
前进、前进、奋勇前进，

庄重的誓言掷地有声。
甘洒一腔青春热血，
流水常绿、树木常青。

（二）

心中激荡绿色的憧憬，
规划未来，掌控时空。
环境哨兵壮志凌云，
放飞一道理想的彩虹。
记录四季变换的足迹，
复制风雨见证的忠诚。
呼唤生命和谐共赢，
带着绿色一路航行。
前进、前进、奋勇前进，
手牵着手力量无穷。
托起一轮初升的朝阳，
光耀宇宙，永远鲜红。

第七卷 百姓心声

春 天春天是一部书，花朵就是书签。数着花朵，读着春天，心情欣然。红花耀眼，橙花斑斓，蓝花冷艳，还有那繁茂的绿草，读着春天的诗笺。[illegible]浅绿，雏燕衔新泥。泡泽游蝌蚪，硬枝垂软臂。干地淋湿雨，旷野柳哨息。踏青人行早，传递春消息。咏杏花 柳絮吐丝风软乱，乍暖还寒盼杏花。昨夜雨[illegible]三五朵，今日满城绽奇葩。杏花 春约白清粉淡红模糊，杏花初放含朝露。春意盎然闹枝头，偷窥香圃第一族。乍暖还寒 万物复苏枝叶软，飞雪又飘倒春寒。阳光[illegible]冷气退，更喜绿树披白衫。开江 冬已交班春乍来，发动寂江走冰排。先是相拥慢挪步，恍然觉悟急奔海。野 趣 天阔鸟拍羽，林茂云可依。小屋藏大雅，深草存野趣。邀朋三四人，把酒抒胸臆，声高风来和，闲聊无主题。夏捕 鱼山溪流野趣，闲半亦贪忘。随意撒渔网，[illegible]之也[illegible]大雨初晴 狂风卷柳浪，疾雨拍大江。拧开云雾幔，水珠孵斜阳。四丰吟 碧水青山湛蓝天，白云游弋展诗笺。松高柳低错落致，四丰多情亦悠然。林下吟 绿叶[illegible]网，网进阳光拌阴凉。北国盛夏解人意，闲吊藤床浪漫藏。秋日 远天转凉，秋光水亮。浩荡松江波，浸泡五花香。

爱唱歌的小木匠

打工三百六十行，闪亮一族属木匠。
锛刨斧锯随身带，艺高胆壮走四方。
我是木工我最强，生性较真脾气犟。
干活追求精又精，唱歌也要棒又棒。
向着太阳亮大嗓，声声豪放溢彩光。

爱唱歌的小木匠，也曾立下大志向。
打工生活千般味，都在我的心中淌。
依靠双手讨生活，展现农民好形象。
美景早在心中装，城乡秀丽我欢畅。
唱出一片新天地，打工路宽铸辉煌。

励志歌

多少小老板，曾经打工仔，
不是苍天怜悯人，打工建平台。

种地好把式，干啥都不赖，
昨天姓农今姓工，农工多精彩。

忙里偷学艺，志高闯江海，
大小成功天难定，脚步从头迈。

有志事竟成，打拼擂坛赛，
唱响当今风流歌，看我这一代。

民工情

（一）

住在低矮工棚，躲开风吹雨打，
吃的两菜一汤，化做汗水挥洒。
为了儿女学业，为了糊口养家，
为了孝敬老人，我们闯荡天涯。

（二）

虽然工棚低矮，也是温馨人家。
工友天南地北，融入城市繁华。
盖起座座楼盘，留下处处牵挂。
睁开含情泪眼，分别也该潇洒。

（三）

我们在外打工，家乡发展壮大。
祖国要咱出力，还是没有二话。
劳动护卫自尊，赢来地位变化。
同是社会主人，城乡一样潇洒。

农民工心声

我从河南来，你自湖北随，
一把瓦刀闯天下，有幸加盟结团队。
日日添砖又加瓦，工作单调不乏味。
这里有秘密：全家指望谁？
在外何必言辛苦，打工岂能少劳累，
滴滴汗水变财富，数数也陶醉。

你带嵩山土，我染长江水，
挥舞抹子亮身架，抹出时代新光辉。
大楼座座平地起，甲方乙方心里美。
别问为什么，理想正放飞。
在外处处有温暖，共和国也有咱地位，
全力建设好家园，事业更壮美。

副歌
海阔凭鱼跃，天高任鸟飞。
东西南北大聚合，农工大军壮声威。
祖国前进我前进，嘿，开心笑扬眉。

呼儿嗨哟齐响应

世人爱唱东方红，呼儿嗨哟响连声。
细细品味啥道理，一声喊出百声应。
人民心中有杆秤，称出谁重谁为轻。
先是为民谋幸福，才有呼儿嗨哟声。
几十年风雨同舟行，官民鱼水情意浓。

人民公仆最光荣，平台广阔任驰骋。
鞠躬尽瘁办好事，自有呼儿嗨哟声。
别把自己比太阳，萤火虫也能放光明。
久违的曲调不生硬，如今唱来还动情。
太阳每天都升起，呼儿嗨哟永不停。

龙吟宣言

共同爱好相互拴绑，中华国粹滋养热望。
我们来自八方四面，念唱做打北调南腔。
随处搭建一座平台，三大件引吭哩根郎。
心动手动带来感动，任由性情恣意张扬。

龙吟剧社我们乳名，铿锵旋律我们唱响。
喜怒哀乐轮番演艺，生旦净丑竞相登场。
帝王将相才子佳人，凡夫俗子山寨草莽。
大千世界千张面孔，穿越时空汇聚殿堂。

浩瀚世界人物风流，历史云烟当今时尚。
伟大国度浩然正气，英雄民族钢铁脊梁。
唱就唱出淋漓畅快，演就演个血气方刚。
龙吟剧社亮显精彩，向着太阳追逐辉煌。

近邻

你是老朋友，他是新近邻，
老友新邻都一样，天定好缘份。

你敬我半尺，我让你十分，
欢欢乐乐过日子，你心换他心。

事业手携手，生活互帮衬，
家常里短寻常事，相助胜至亲。

和谐好社会，幸福万家人，
邻里之间常相聚，举杯享天伦。

第八卷 其他部分

春 天春天是一部书，花朵就是书签。数着花朵，读着春天，心情欣然。红花耀眼，橙花斑斓，蓝花冷艳，还有那繁茂的绿草，散发着春天的诗笺。春晓红霞[illegible]浅绿，雏燕衔新泥。泡泽游蝌蚪，硬枝垂软臂。干地淋湿雨，旷野柳哨急。踏青人行早，传递春消息。咏杏花柳絮吐丝风软刮，乍暖还寒盼杏花。昨夜雨[illegible]三五[illegible]，今日满城绽奇葩。杏花春约白清粉淡红模糊，杏花初放含朝露。春意盎然闹枝头，偷窥香园第一族。乍暖还寒万物复苏枝叶软，飞雪又飘倒春寒。阳光照耀冷气退，更喜绿树披白衫。开 江冬已交班春乍来，发动寂江走冰排。先是相拥慢挪步，恍然觉悟急奔海。野 趣天阔鸟拍羽，林茂云可依。小屋藏大雅，深草存野趣。邀朋三四人，把酒抒胸臆。声高风来和，闲聊无主题。夏捕 鱼山溪流野趣，闹半水更急。随意撒潜网，无鱼心也愉。大雨初晴狂风卷柳浪，疾雨拍大江。拂开云雾幔，水珠孵斜阳。四季吟碧水青山浅蓝天，白云游弋展诗笺。松高柳低错落致，四季多情亦悠然。林下吟绿叶交[illegible]风，网进阳光拌阴凉。北国盛夏解人意，闲吊藤床浪漫藏。秋日远天转凉，秋光水亮。浩荡松江波，浸泡五花香。

青春颂

青春——飞扬的彩虹，青年——时代的尖兵。
眼前展开广阔的天地，身后集合华夏精英。
我们徜徉在人生的花季，链接青春走向永恒。
青春的赞歌豪迈嘹亮，青春组合靓丽的风景。

未来交给我们担承，理想召唤我们出征。
祖国放牧一片蓝天，生正逢时鹰击长空。
潇洒沐浴世间风雨，时刻准备新的长征，
朝气蓬勃鹏程万里，喷薄的红日正在升腾。

知足常乐

人生总要走路爬坡，为酬壮志奋力拼搏。
都曾有过青春年少，都曾彰显胆壮血热。
回首往事感慨万千，大落大起所为几何。
白菜萝卜各美其味，生活难得自由洒脱。
不吝掌中珍世瑰宝，不羡他家财富五车。
心中常念感恩知足，人要知足就会常乐。

人生难免悲欢离合，心情恬淡浮云眼过。
功名利禄身外之物，悟彻参透对酒当歌。
世间难得平常心态，成也萧何败也萧何。
调剂日常柴米油盐，苦也生活乐也生活。
人生际遇沟沟坎坎，闯过坎坷天高地阔。
时常聚起亲朋好友，天天满足永远快乐。

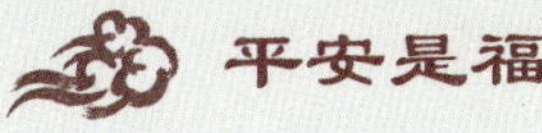

平安是福

（一）

有道是话粗理不粗，平平安安就是福。
粗茶淡饭满口香，陋室栖身心满足。
高官也有解甲日，豪财终将归他处。
唯有平安终生伴，三穷三富演一出。

（二）

有道是话粗理不粗，平平安安就是福。
气顺身强体又健，心平登高劲头（儿）足。
把酒临风品岁月，笑谈江河乾坤浮。
守望平安真潇洒，留给后人一本书。

孝顺

百敬孝为先，孝以顺为根。
顺天顺地顺父母，天下儿女心。
不攀钱多少，不比官几品。
爹娘膝前撒个娇，辈辈享天伦。

做人信为本，干事诚为真。
牢记诚信闯天下，人间平常心。
择友观其孝，察人看其顺。
忠孝两全不寂寞，处处有知音。

家和万事兴，国睦交好运。
家事国事同一理，和睦赖孝顺。
前人有仙语，句句皆精品。
和谐国家孝子多，社会暖如春。

大哥大

早就熟悉了把奉献当作平常，
已经习惯了把艰苦化作力量。
我那憨厚的大哥大呀从不言付出多少，
其实兄弟心中人人都有本细账。
你含泪辍学把全家的生活担上，
你累弯了腰身让我们挺直脊梁。
你困居乡村看我们带着尊严进城，
你苦攒分文力挺我们处事大方。
我们亲爱的大哥大你心胸宽如海洋，
我们亲爱的大哥大你展现了淳朴慈祥。

早就熟悉了把感激当作景仰，
已经习惯了把欢乐化作歌唱。
我那倔强的大哥大呀从不向命运低头，
其实任何回报也难比当初的米汤。
你含笑退掉都市里的新房，
你坦然面对兄弟授予的荣光。
烫一壶老酒表达滚烫的衷肠，
学你的宽厚善良学你的担当。
传承你的爱心展开博大的爱恋，
为天下的老百姓重复你的榜样。

谷垛

静静地望着夜空，
默默地读着繁星。
乡村新码的谷垛上，
孵出多少青春梦。
闻着飘逸的谷香，
我盼望早日回城。
或是在书声朗朗的校园，
或是在杀声阵阵的军营。
当秋风吹来了萧瑟，
我又回归梦后的清醒。
高大的谷垛重复的梦，
是知青生涯的理想支撑。

闲闲地望着夜空，
急急地数着繁星。
乡村新码的谷垛前，
孕生了多少温馨的情。
一位姑娘也来到谷垛，
皓月当空数繁星。
她渐渐地走进寂寞的生活，
共同缔造了初恋的成功。
盼望有一天再依偎谷垛，
遥望夜空解读繁星。
高大的谷垛爱情的证明，
永远铭刻我一世一生。

快乐舞步

（一）

佳木斯人真特殊，不恋看戏恋跳舞。
日出倾城大行动，自动集合跳街舞。
先来后到齐加盟，临时编队不生疏。
一抑一扬一跟进，后人紧追前人步。
跳起快乐舞步，人长精神心气盛。
跳起快乐舞步，血也活来筋也舒。
跳出一身透汗一份满足，
跳出一种品味一派气度，
跳出家庭顺意邻里呵护，
跳出世风日健社会和睦。

（二）

松花江畔景无数，最靓一族是跳舞。
星光灯光大联欢，夜幕初合跳街舞。
男女老少齐上阵，协调工整有套路。
一举一落一变化，抖擞精神迈大步。
跳起快乐舞步，甩掉烦恼和痛苦。
跳起快乐舞步，豪气飞扬劲头足。
跳出秀气洋气灵气漂亮，
跳出人们提高幸福指数，
跳出三江明珠神采飞扬，
跳出新天府的文明进步。

省亲

百感交集故乡游，双亲坟前低垂头。
献花焚香拜三拜，热泪滚烫满脸羞。
恩重如山父母情，孩子年少不知愁。
只顾创业闯天涯，很少膝下把孝守。
而今欲养母不待，流水青山空悠悠。

曾为母亲谋幸福，供吃供穿任享受。
难解娘心啥滋味？儿行千里谁担忧？
娘盼与儿絮家常，更喜为儿熬汤粥。
如今岁增恋天伦，才知当年遗憾留。
盼望人生有来世，再陪二老度春秋。

农家乐

高楼大厦隔鲜活，慕名去找农家乐。
晨露湿鞋野草旺，路标指处真红火。
徜徉松林逛氧吧，蜇居草庐还本色。
舀壶清泉煮新茶，淡香浸肺难割舍。
别有洞天美佳境，放飞心情唱支歌。
不用得道也成仙，人间仙境农家乐。

今天人们会生活，节日扎推农家乐。
饭菜选在田园摆，现吃现做有特色。
素有绿色瓜果菜，荤有笨养鸡鸭鹅。
大杯斟满纯小烧，连干三口不嫌多。
不是生来贪烈酒，主人盛情难推脱。
旅游开辟新产业，农家乐来天下乐。

祈福

人对天敬畏，天对人呵护。
世间万物有灵性，当以人为殊。
做事顺自然，天地人和睦。
苦辣酸甜过日子，身正理不输。
忤逆动邪念，一定遭报复。
都是人祸惹怒天，危难才现出。

代言芸芸生，话直理不粗。
向着苍天拜三拜，祈祷天庇护。
一求风雨顺，二求衣食足。
三求世人多康泰，国强民也富。
天道酬勤苦，甘霖化雨露。
雨露滋润沧桑健，和谐乃正路。

莫怕灾害来，休怪危险伏。
调整身心顺应天，化险为夷处。
心诚感天地，志坚周而复。
年继一年接龙走，岁岁有新图。
无须分年龄，不必论官禄。
心态平和常祈祷，永远都幸福。

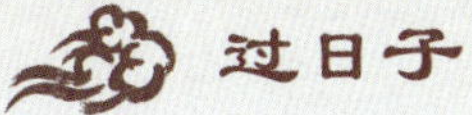

过日子

（一）

告别了姑娘和小伙，新婚换来新角色。
二人世界最温馨，组成新家担新责。
生活开辟新天地，命运从此有转合。
彼此心中有个他（她），漫漫人生有依托。
年轻气盛心气高，事业日子双红火。
纵然前程万里路，步步相随不错辙。

（二）

朝夕相处同苦乐，难免牙齿碰到舌。
赌气拌嘴像阴雨，雨过天晴更洒脱。
工作遇到烦心事，唠唠家常解开锁。
外面世界虽精彩，更恋家中小金窝。
孝敬双方父母亲，呵护孩子天伦乐。
风雨兼程步银婚，还有金婚等着过。

年味

（一）

年根岁底走马灯，盘点一年好收成。
春风未漾心已绿，家家户户年味浓。
年味拌进饺子馅，年味放在笼屉蒸。
年味裹进小红包，年味藏在老酒中。
春联贴出了好兆头，秧歌扭出了精气神。

花炮蹦响普天乐，红灯点燃了美光景。
欢欢喜喜过佳节，百姓人家年味浓。
阖家团圆温馨夜，天地激荡祥和声。

（二）

年年有余年年庆，今个儿过年有不同。
国富民强游子乐，哪里守岁都正宗。
年味爬上对歌台，年味藏在思念中。
年味是兄弟手拉手，年味是浓浓中华情。
拜年拜进了互联网，好运放上了新卫星。
闪亮在春晚荧屏上，神州万里春潮涌。
天南地北过大年，浓浓的年味浓浓的情。
祈祷年景最灵验，太平盛世享太平。

建筑工人

不管干的啥行当，别问来自啥地方。
只要加盟进工地，闪亮一族泥瓦匠。
底气夯实地基里，志气砌筑桩梁上。
泥瓦砂石知情义，钢筋水泥托希望。
塔吊拽着高楼升，太阳照耀大厦长。
工地一天一变化，天天拥推好形象。

挥汗如雨工地上，严格施工不走样。
眼前是新码的冷砌块，身后有亲人的热目光。
脚手架上度春秋，蓝图早在心中装。

发育城市筋骨肉，喜看家园高又壮。
有幸赶上好时代，祖国前进咱成长。
建筑工人新情怀，平凡工作展辉煌。

回家

当年为家离开家，豪气勃发闯天涯。
匹夫欲担兴亡责，沉舟侧畔千帆发。
世事沧桑多磨砺，风里雨里经摔打。
才晓人生多坎坷，此时在外不在家。
梦里依稀萦故园，轻轻抚摸红墙瓦。
枕边有痕滴冷泪，常盼问话母作答。

如今恋家回到家，百感交集奔向妈。
夺眶流出酸楚泪，大声说起悄悄话。
身居闹市住高楼，事业有成也潇洒。
只是荒疏家乡情，年纪渐大放不下。
年年眺望中秋月，便有催声故乡发。
无论人生走多远，情感依依总在家。

农家饭庄

别说还没名，当今你最红。
只因傍上纯绿色，循香排长龙。
地道农家菜，老汤味纯正。

随吃随添可劲造，煎饼卷大葱。
烹炒遛达鸡，来盘大青虫。
一斤高粱烧，俩人抉一瓶。

度假寻个乐，食美人高兴。
有空邀友再小酌，陪你喝两盅。
敬君一道菜，借光扬个名。
感谢众人来捧场，不饮也酩酊。
绿色瓜果绿，红色生意红。
众口一词赞誉美，永存好前程。

年年有余

（一）

拜年说好话都为讨吉利，
如今净美事不用现核计。
年年真有余年年就有余，
一句实在嗑唠出了小秘密。
国泰普天乐家富民安逸，
吃不了用不尽这辈人有福气。
你说好生活就象洗桑拿，
他夸这日子一定拌了蜜。
殷实加富足家家都如意，
过大年使劲乐道不尽欢喜。
扭起大秧歌再摆三台戏，
唱出家家团圆年年都有余。

（二）

过年才吃鱼那是老黄历，
如今家境好处事都大器。
天天都有鱼天天都有余，
一句平常话表达真心迹。
靠着政策好仰仗高科技，
还有天帮助天人合成一。
咱们卯足劲再来比一比，
生活谁更火事业有成绩。
有志挺起腰家财来垫底，
社会要和谐民富是必须。
人本同一心一心同一理，
年年有余岁岁余永远有大余。

开园

开园了——
轻轻拍一拍瓜就裂道缝，
薄皮沙瓤子黑肉鲜红。
咬一口顺甜甜倒了大牙根，
车水马龙闹翻小窝棚。
老把式老瓜园结出了新光景，
好种子好技术借瓜扬了名
种瓜得瓜瓜得了好品牌，
钱要想追人想躲都躲不赢。

开园了——
好日子像行船顺水又顺风，
新能手老掌门品瓜论行情。
个大质强量也增三分，
好政策好技术合作好年成。
种瓜人以瓜荣冲出了国境线，
好县长成了咱业余经纪人。
种瓜种出了一片新天地，
开园开出个富裕新农村。

实话实说

实在人就唠实在嗑，别拿不是当理说。
当官就有当官的好，官大更有官大的乐。
要不为啥买官做？托人弄洽去找辙！
当官该有当官的好，操心费力就为这。

头上多了几道紧箍咒，党政有律行为有则。
当官大了风险大，操心多了难题多。
奉献就该有回报，情理相通没得说。
关键就看干啥事，公权有无干私活。

挺直腰杆走正路，弯下身来对弱者。
这样的公仆咱爱戴，用权越多越当歌。
自古中华有廉吏，今天社会有楷模。
当官谋利为人民，国家和谐家祥和。

战地新歌

（一）

江南三月柳若烟，塞北八月五花山。
两种风姿一样情，驻扎游子甜梦间。
神州处处风光秀，一年四季不清淡。
走遍祖国山和水，风景独秀在这边。

（二）

东极太阳巡天早，西部盈月大漠圆。
月落日出寻常事，也显阳刚也缠绵。
绿色长城军魂铸，乐在天涯守边关。
最美景色在军旅，战士爱唱红梅赞。

万种风情倚身后，风雨如磐更向前。
老歌新唱情犹在，一轮红日照胸间。

人生四季行

漫漫人生路，常伴风雨浓。
踏平坎坷成坦途，季季好光景。

春天花枝俏，潮急催雨生。
艳阳高照百花开，少年样样红。

初夏日中天，步入新佳境。
一意打拼开拓路，旅程步高峰。

秋景最美好，耕耘有收成。
硕果累累是回报，终于见成功。

冬雪更别致，夕阳耀眼红。
盘点过去和未来，笑傲侃人生。

人生有百态，命运真公平。
莫让年华付水流，敢拼才会赢。

看山人的歌

大山自有大山的情，看山自有看山的乐。
风吹林涛呼呼响，那是咱心底流出的歌。
林梢扛月出，树枝挡日落。
红松降松子，硬柞长耳朵。
四季变换万千态，模样皆鲜活。

大山自有大山情，看山自有看山乐。
莽莽苍苍大森林，珍藏沸腾好生活。
漫步丛林间，天然屏障阔。
五花山景美，松涛放豪歌。
看山人的林海情，人生呈绿色。

青山常在人未老，四季伴山不寂寞。
摘朵木耳听世界，不见烟云荡清波。
天地人和唱一曲，看山人永唱青春歌。

友谊

（一）

人生在世兴衰际遇，
个个都有复杂经历。
有时阳光有时阴雨，
共同的资源就是友谊。
生活贫困囿不住期盼，
绝处逢生更会有希冀。
友谊缺失就跃入黑暗，
纵有财富也只剩孤寂。

痛苦可以分摊稀释，
幸福能够复制传递。
不愠不火不离不弃，
温馨常伴的还是友谊。
友谊是汪洋中的一条船，
友谊是大旱后的及时雨。
友谊是恩重的大山，
友谊是润物的水滴。

（二）

谁能够让友谊分离，
关键时刻还在自己。
别人打倒可以再起，
自我抛弃却不易重立。

挫折是攀登的阶梯，
误解是短暂的烟雨。
只要真诚待人做事，
就能拥有毕生的友谊。

友谊是老树新枝，
友谊像青春化雨。
不比金钱比情意，
我们都会富到顶极。
善待友情珍爱友谊，
心中常有太阳升起。
巩固友谊扩展友谊，
一生一世幸运难离。

帮助

人生在世上，可贵在于帮。
帮你帮他帮自己，帮出好形象。
忙时也要帮，闲时也要帮。
帮里帮外帮天下，到处喜洋洋。
相助是雨露，相帮是阳光。
雨露阳光育万物，禾苗也茁壮。
相助是柔情，相帮是阳刚。
柔情阳刚相佐证，世态不炎凉。

自从来世上，谁能离开帮。
没有你帮他也帮，想想啥模样？
都说比奉献，奉献就是帮。
只是不图啥回报，帮忙也被帮。
社会大家庭，相帮共成长。
人生价值在于帮，帮中情久长。
服务互提倡，服务就是帮。
帮出世界暖如春，大爱本无疆。

从政歌

天下忧先忧，天下乐后乐，
先后有序肺腑言，从政应记着。
浪迹官场路，光荣又曲折，
谨慎走好每一步，成败问萧何。
一要摒弃贪，廉洁诚可贺，
莫让金钱坏名节，贪贿让人唾。
二要抛弃庸，为官即有责，
浑浑噩噩误民生，迟早被弹劾。
三要远离惰，有为须劳作，
勤政为民乃正道，追随人众多。
胜负在自己，种啥啥能得，
顺天应地皆民心，就看咋掌握。
不悔错错错，不叹莫莫莫，
千秋功德谁能定？百姓能传说。

姑娘的眼睛

我为什么惧怕你的眼睛，
偷看一眼也会满脸胀红。
你的目光像黑夜里的火炬，
烤灼的我彻夜难以入梦。
你的眼睛象大海一样深沉，
你的眼睛象皓月高悬天空。
你的眼神放射无穷魅力，
你的眼神勾销我的魂灵。

我为什么喜欢你的眼睛，
姑娘的眼睛温柔又多情。
你的目光清澈如同泉水，
看上一眼净化我的心灵。
你的眼神我能读懂，
我读出了善良友爱真诚。
我要赶紧把你娶回家中，
天天都亲吻你那迷人的眼睛。

有支歌唱给你

软软的有支歌唱给你听，
唱出青春岁月款款的深情。
月夜里回味着甜蜜的初吻，
出征前重复着关切的叮咛。
还有那分别酸楚的热泪；
还有那重逢幸福的相拥；
还有那曾经的一切的一切；
还有那永存的憧憬的憧憬。

暖暖的有支歌唱给你听，
唱出峥嵘岁月浓浓的深情。
青春似水，人生如梦，
恍然归来已不再年轻。
爱情犹如尘封的老酒，
一旦开饮醉的更深重。
心有千结难以释怀，
窗外又是皓月当空。

亮亮的有支歌唱给你听，
唱出一代人奋斗的今生。
你不仅是位美丽的姑娘，
你还是这一代青春的证明。

枫叶流丹

金风吹散了大地的纱幔，
秋雨浇旺了原野的烈焰。
彩霞抹亮了群峰的肤色，
极目远眺，枫叶流丹。
枫叶流丹，如火的枫叶灼人双眼；
枫叶流丹，似海的红潮涌动波澜。
羞涩的祥云在山谷流连，
多情的画笔在天际涂染。
万山红遍，风光无限，
好一个风华大自然。

岁月带不走红色的思念，
枫叶温暖我一年又一年。
热泪打湿了漂泊的日子，
魂牵梦绕，枫叶流丹。
枫叶流丹，难忘的乡情心心相连；
枫叶流丹，最美的祝福与你相伴。
每一次回眸你跳跃在枝头，
每一次远去你总在我心田。
江山如画，一生爱恋，
深情永驻天地间。

志愿

因为拥有同一幕蓝天，
因为生活在同一座家园，
我们从四面走到一起，
完成自己热心的志愿。
帮之所帮，干之所干，
餐风露宿，流血流汗。
服务社会，苦中有乐，
幸福满足，激荡胸间。
水滴渴望溶入波澜，
小草憧憬装点春天，
志愿者期盼忠诚志愿，
奉献就是互勉的赠言。

因为怀着同样的梦想，
因为寄托同样的祝愿，
我们从八方走到一起，
履行自己庄重的诺言。
行之所行，战之所战，
大爱无疆，传温送暖。
默默劳作，不图回报，
他人开心，我们开颜。
鲜花盛开，百色放绽，
朝阳初升，光彩依然。
志愿者队伍浩浩荡荡，
共同迎接美好的明天。

准则铭刻在心间

世上依存两条线，两线之间才安全。
高压线下遵操守，底线上方有平安。
突破底线要下陷，身处高压会击穿。
准则规范不突破，半夜叩门心也安。

从政就该担风险，当官最忌惰与贪。
一旦失足坏名节，愧悔交集痛扼腕。
做官复杂也简单，遵章守纪可称赞。
百姓口碑道真情，共产党形象永不变。